Linda Berg

NOTEN lernen leicht und schnell

Linda Berg
Noten lernen leicht und schnell
Musik für Kinder
Wormatiastr. 9
67547 Worms
E-Mail: musik-berg@web.de
Printed in Germany

ISBN 978-3-00-044464-7

Liebe junge Musikfreunde!

Schon bei der ersten Begegnung mit Musik spürt ihr oft den Wunsch, schöne Melodien und Musikstücke selbst spielen zu können. Dieses Buch wird euch dabei helfen, die Noten zu lernen. Auf der Vorderseite steht die Frage und auf der Rückseite findet ihr die Antwort. Bereits nach kurzer Zeit werden euch die Noten sehr vertraut sein und ihr könnt spielerisch damit umgehen.

Ich wünsche euch viel Erfolg und Freude dabei!

Eure Linda Berg

Inhalt:

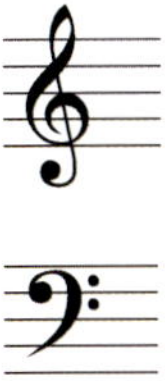

Benenne die Notenschlüssel.

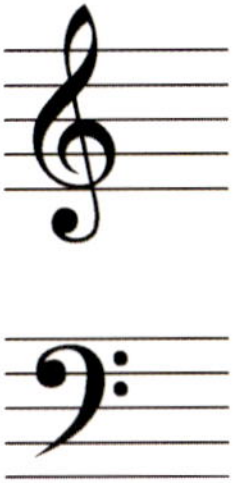

Wie zählt man Notenlinien?

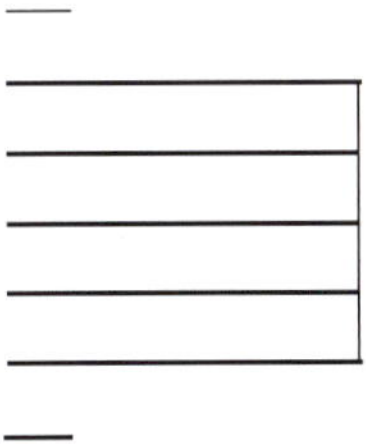

Das möchte ich noch lernen

Das weiß ich schon

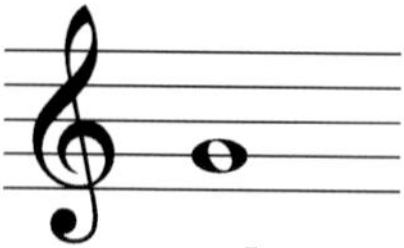

g′

Violinschlüssel
G – Schlüssel

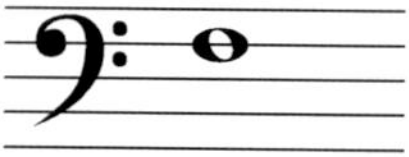

f

Bassschlüssel
F - Schlüssel

Notenlinien zählt man von unten.

1. Hilfslinie oben
5.
4.
3.
2.
1.
1. Hilfslinie unten

Notenwerte

Benenne die Notenwerte und erkläre, wie lange jede Note dauert.

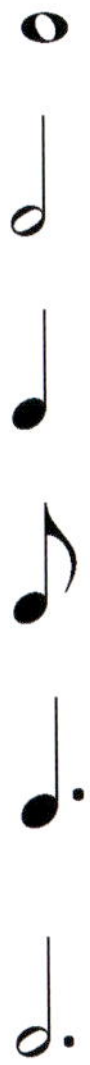

Das möchte ich noch lernen

Das weiß ich schon

Ganze Note 

Zähle: 1 – 2 – 3 – 4 –

Halbe Noten 

Zähle: 1 – 2 – 3 – 4 –

Viertelnoten 

Zähle: 1 – 2 – 3 – 4 –

Achtelnoten 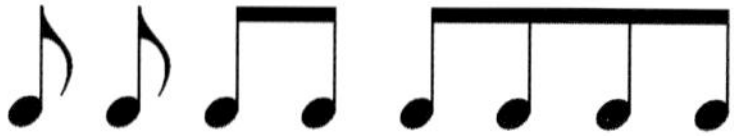

Zähle: 1 und 2 und 3 und 4 und

Ein Punkt hinter der Note verlängert diese um die Hälfte ihres Wertes.

Zähle:

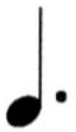 1 und 2

Zähle:

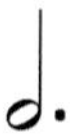 1 – 2 – 3 –

Pausen

Benenne die Pausen und erkläre, wie lange jede Pause dauert.

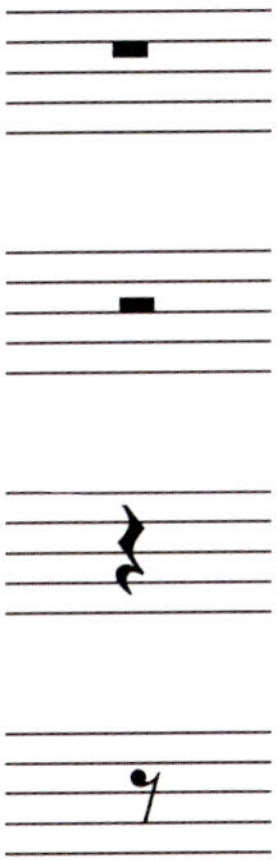

Das möchte ich noch lernen ☐

Das weiß ich schon ☐

Ganze Pause

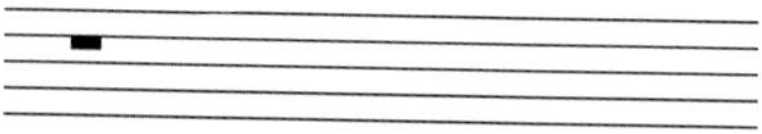

Zähle: 1 – 2 – 3 – 4 –

Halbe Pausen

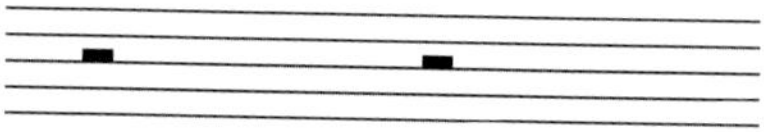

Zähle: 1 – 2 – 3 – 4 –

Viertelpausen

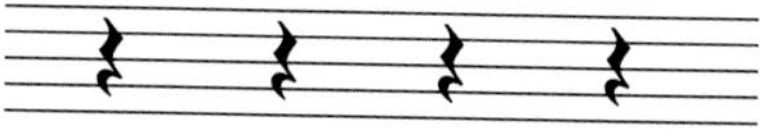

Zähle: 1 – 2 – 3 – 4 –

Achtelpausen

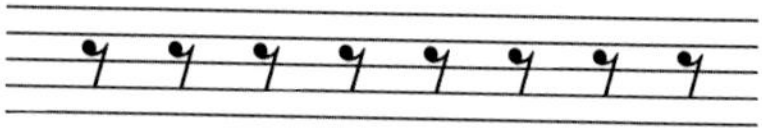

Zähle: 1 und 2 und 3 und 4 und

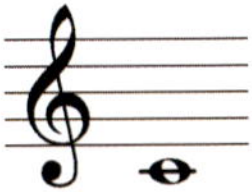

Benenne die Note.
Spiele diese Note.

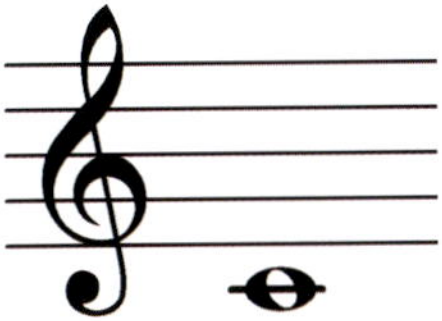

Das möchte ich noch lernen ☐

Das weiß ich schon ☐

Oktaven

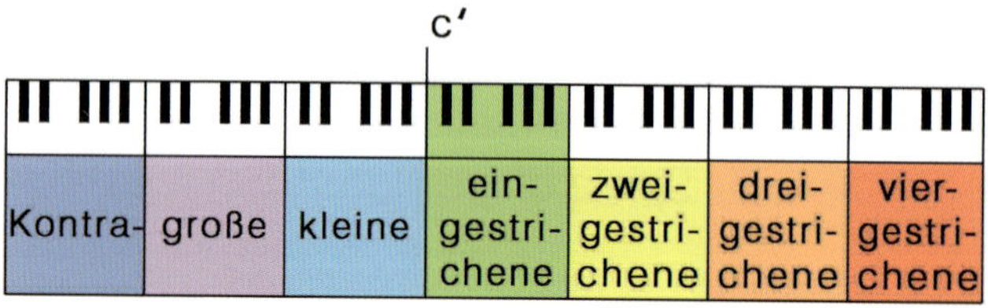

eingestrichene Oktave

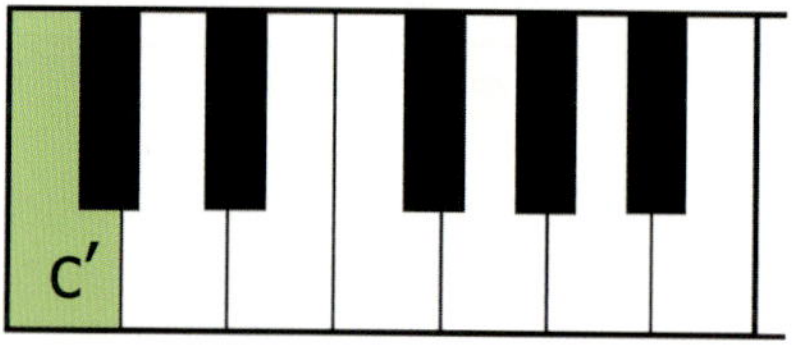

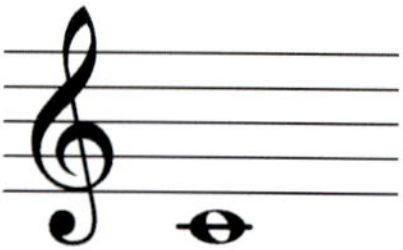

c′

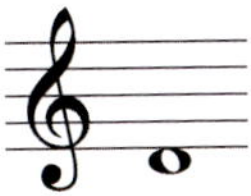

Benenne die Note.
Spiele diese Note.

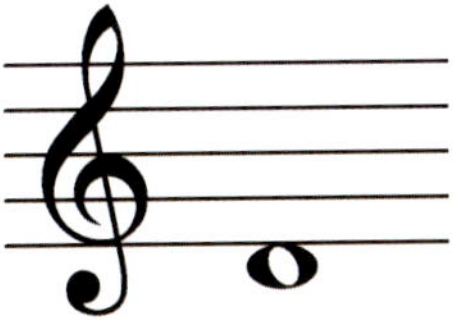

Das möchte ich noch lernen ☐

Das weiß ich schon ☐

Oktaven

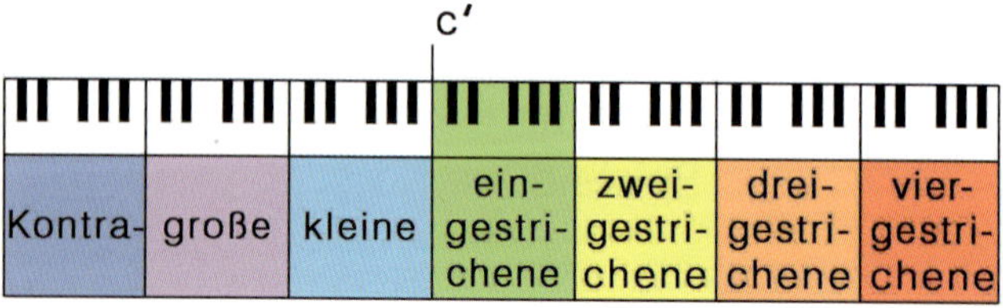

eingestrichene Oktave

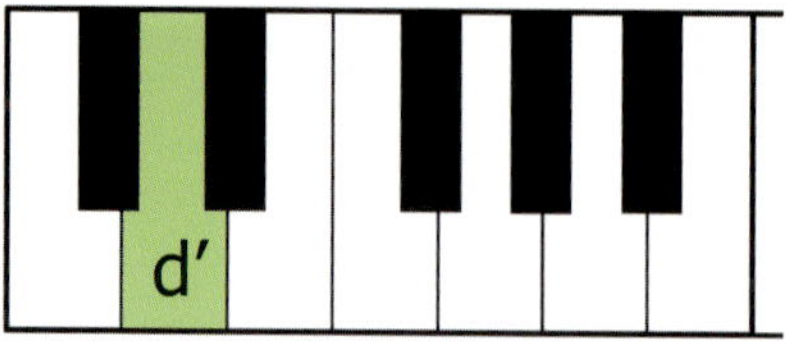

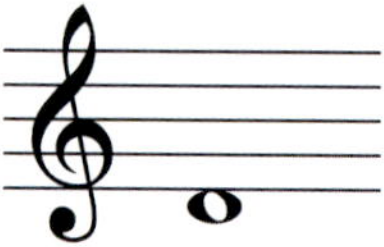

d′

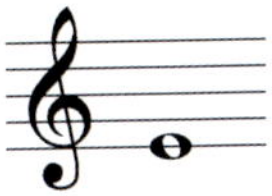

Benenne die Note.
Spiele diese Note.

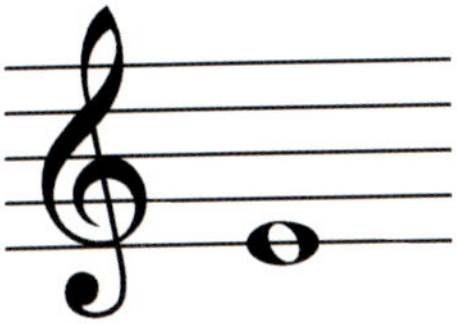

Das möchte ich noch lernen ☐

Das weiß ich schon ☐

Oktaven

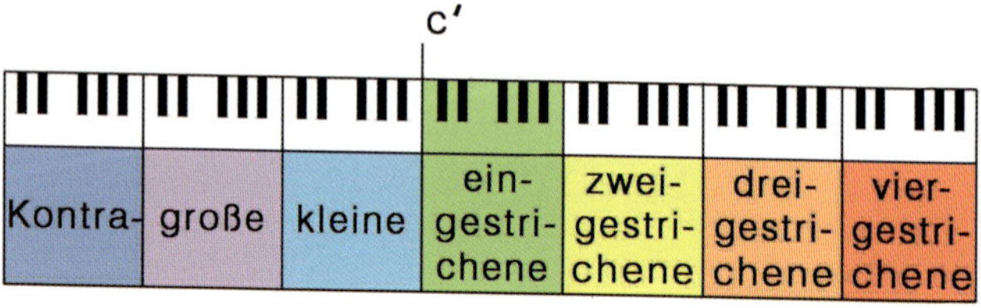

eingestrichene Oktave

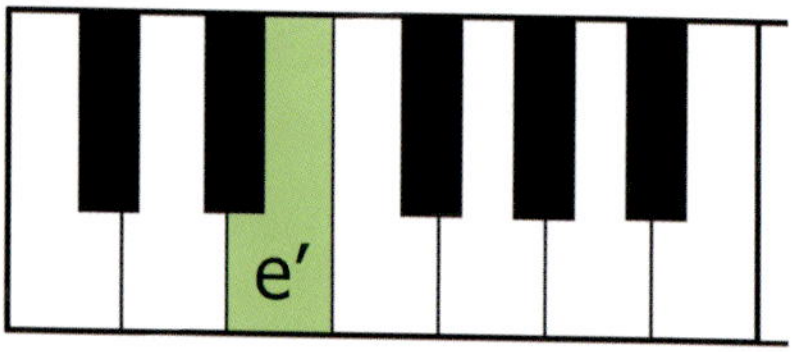

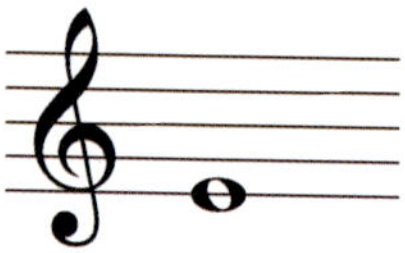

e′

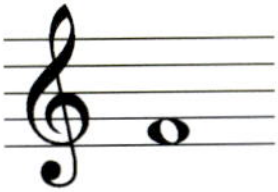

Benenne die Note.
Spiele diese Note.

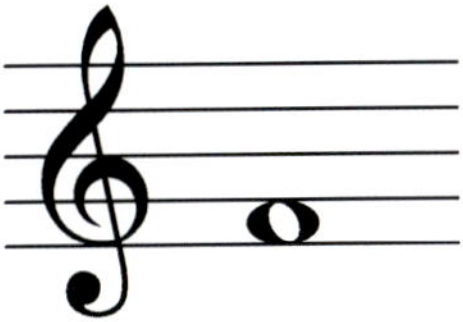

Das möchte ich noch lernen ☐

Das weiß ich schon ☐

Oktaven

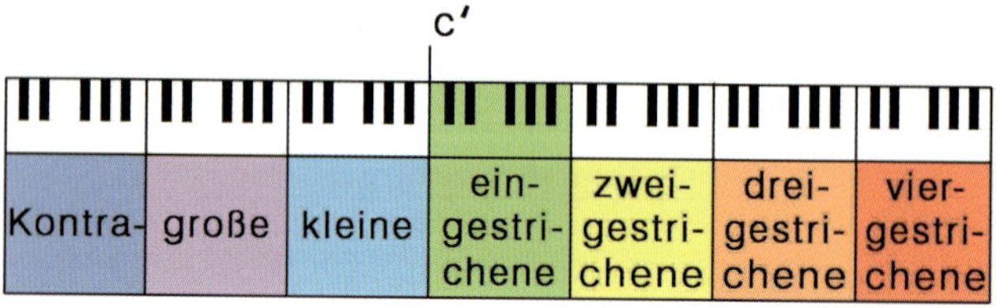

eingestrichene Oktave

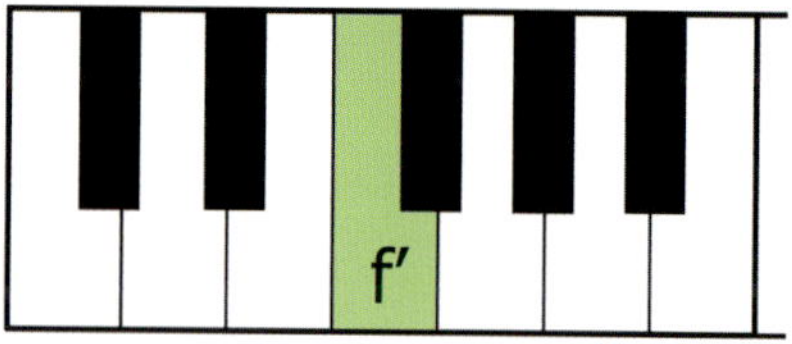

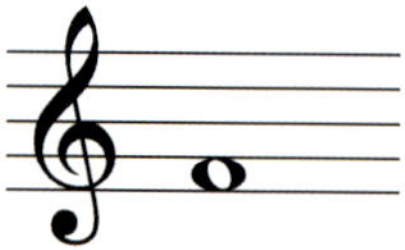

f'

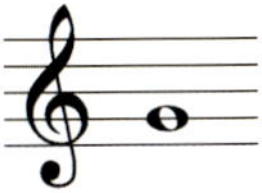

Benenne die Note.
Spiele diese Note.

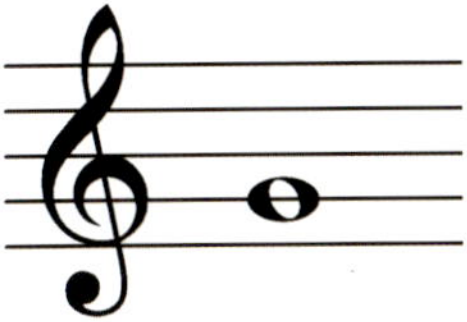

Das möchte ich noch lernen ☐

Das weiß ich schon ☐

Oktaven

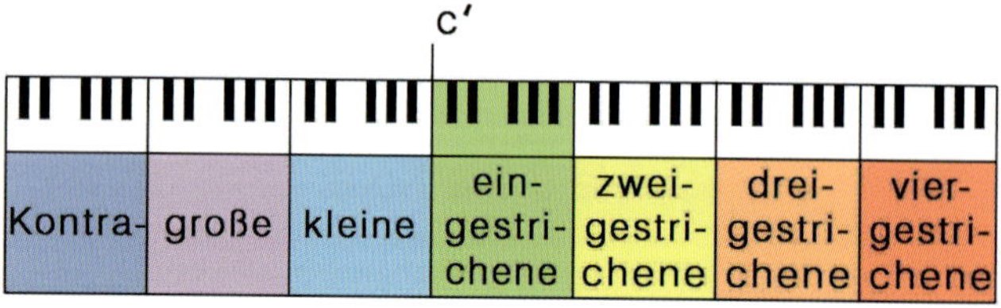

eingestrichene Oktave

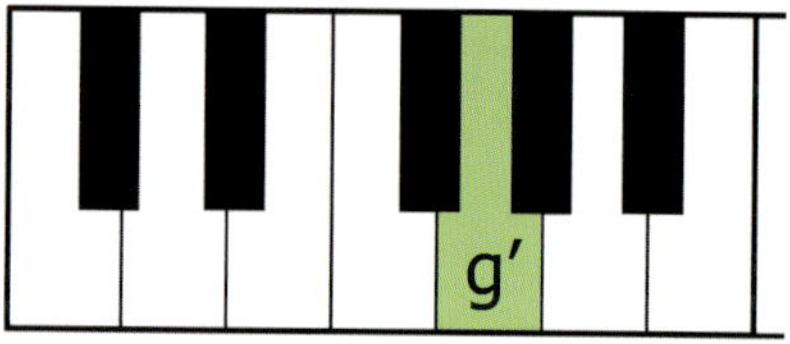

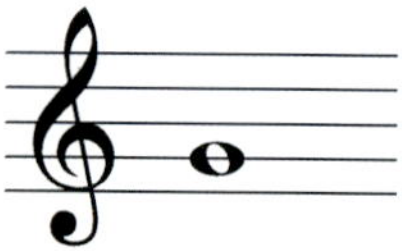

g′

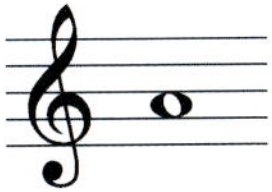

Benenne die Note.
Spiele diese Note.

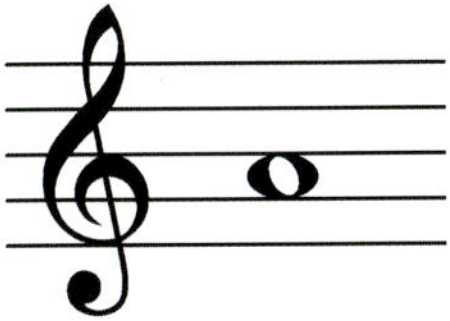

Das möchte ich noch lernen ☐

Das weiß ich schon ☐

Oktaven

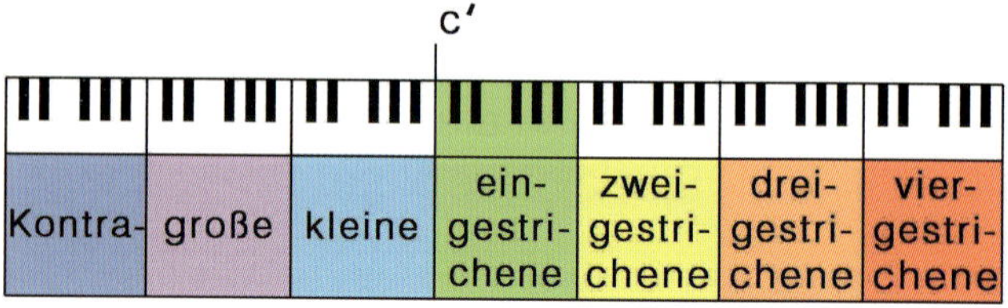

eingestrichene Oktave

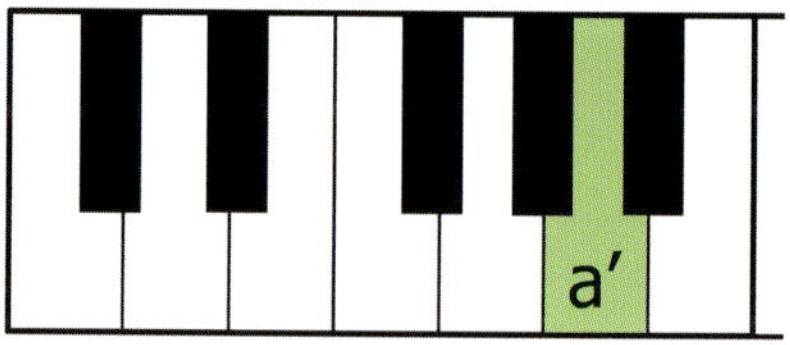

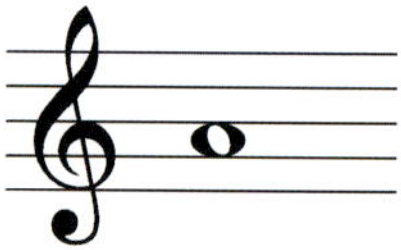

a′

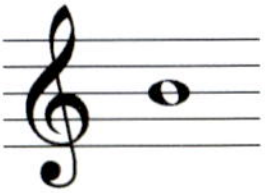

Benenne die Note.
Spiele diese Note.

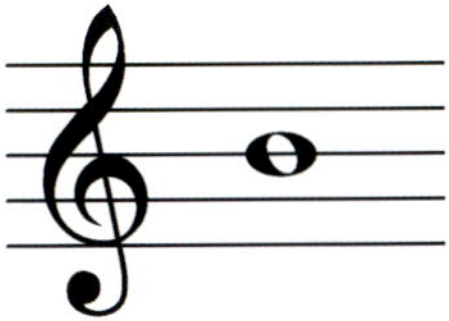

Das möchte ich noch lernen ☐

Das weiß ich schon ☐

Oktaven

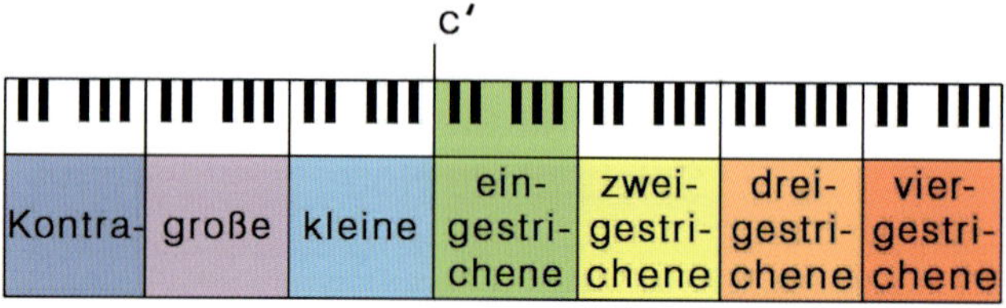

eingestrichene Oktave

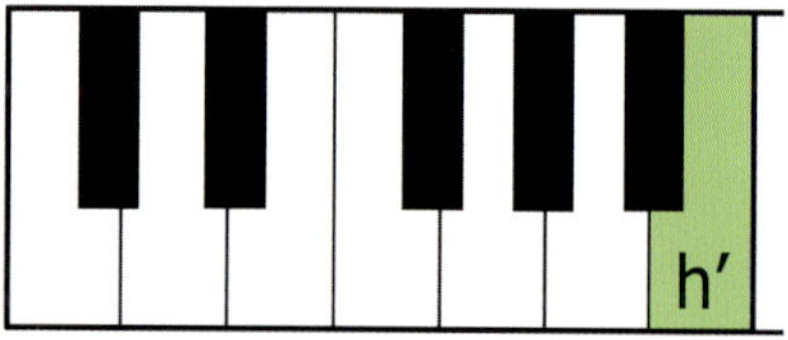

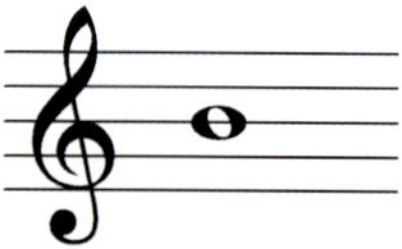

h′

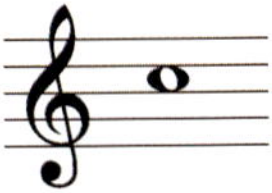

Benenne die Note.
Spiele diese Note.

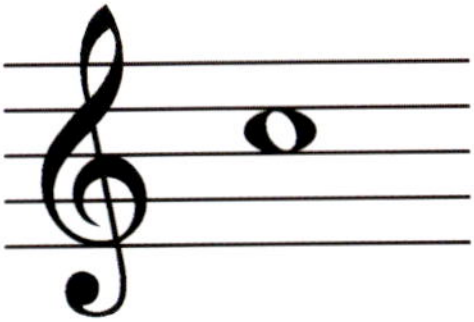

Das möchte ich noch lernen ☐

Das weiß ich schon ☐

Oktaven

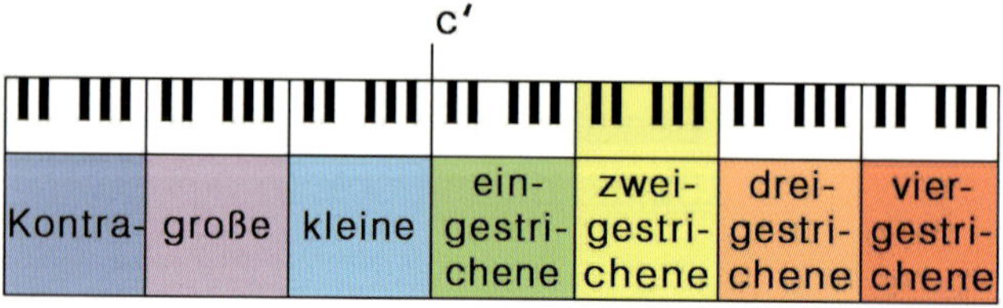

zweigestrichene Oktave

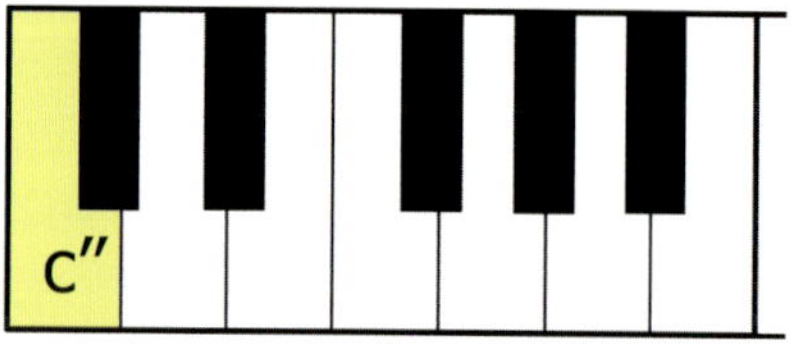

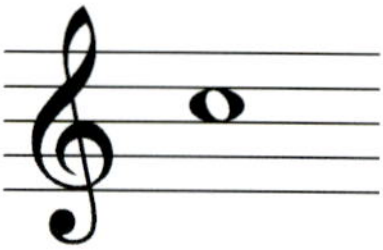

c″

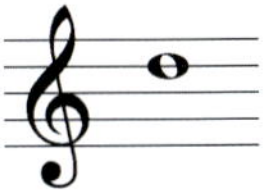

Benenne die Note.
Spiele diese Note.

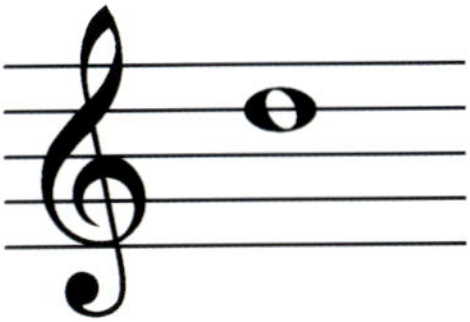

Das möchte ich noch lernen ☐

Das weiß ich schon ☐

Oktaven

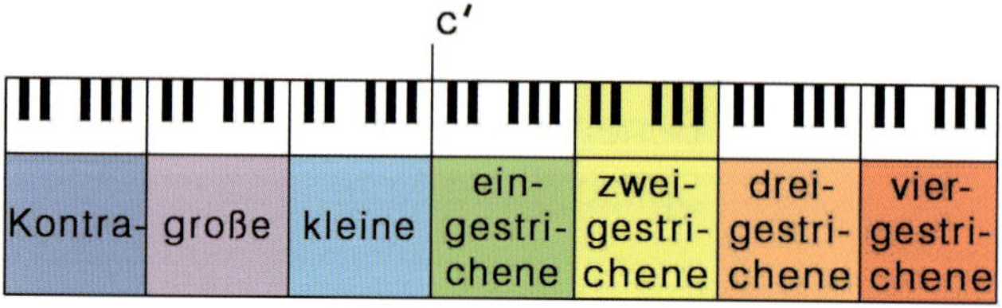

zweigestrichene Oktave

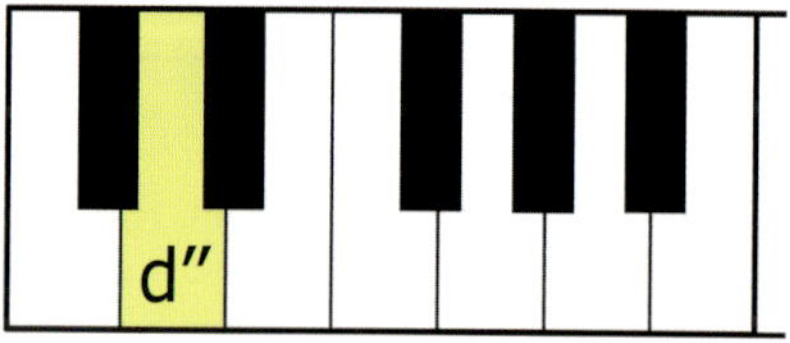

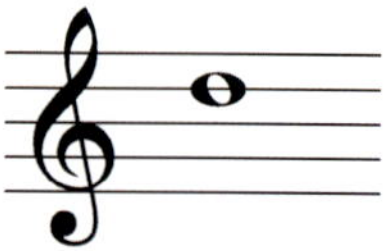

d''

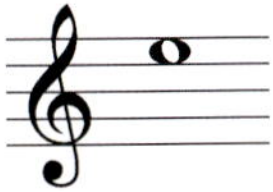

Benenne die Note.
Spiele diese Note.

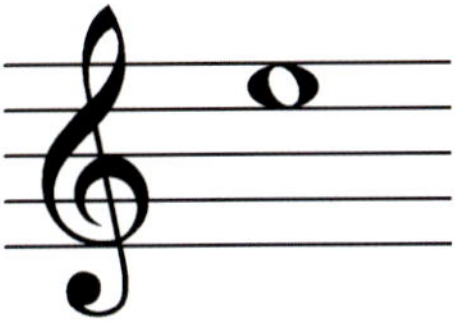

Das möchte ich noch lernen ☐

Das weiß ich schon ☐

Oktaven

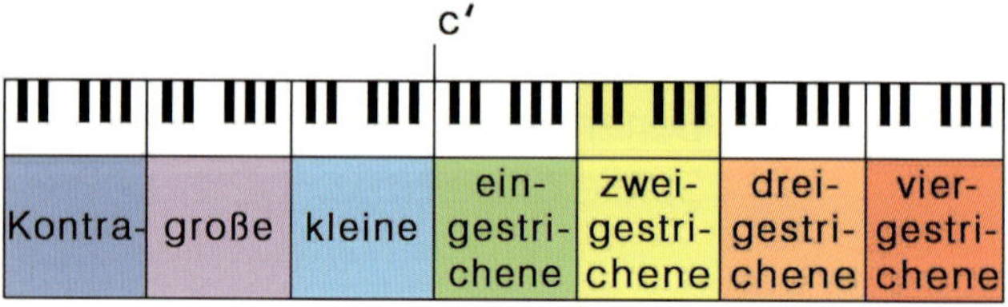

zweigestrichene Oktave

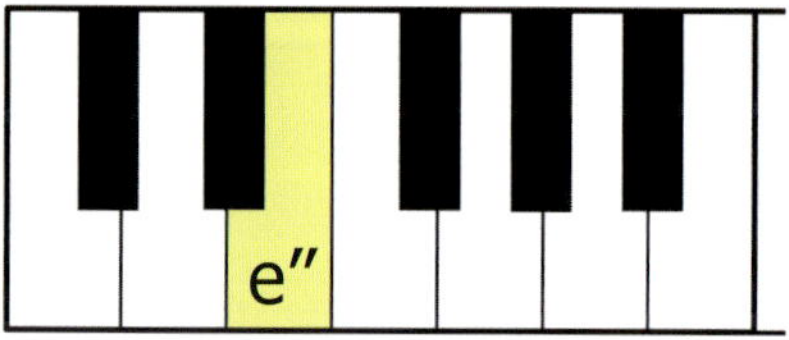

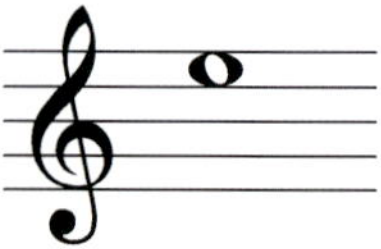

e″

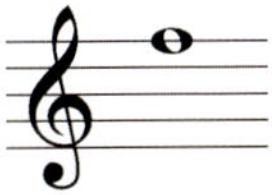

Benenne die Note.
Spiele diese Note.

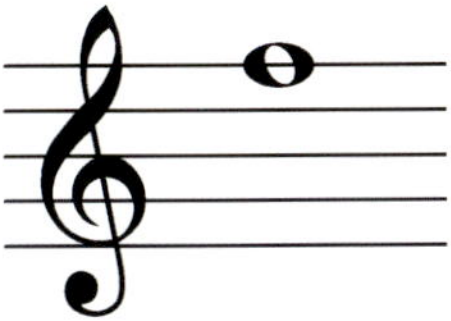

Das möchte ich noch lernen ☐

Das weiß ich schon ☐

Oktaven

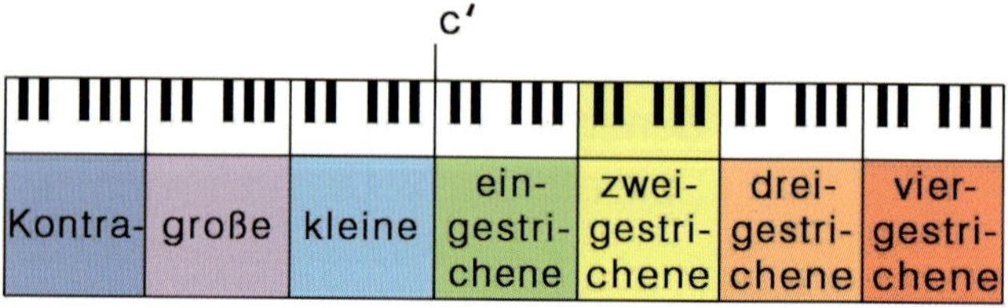

zweigestrichene Oktave

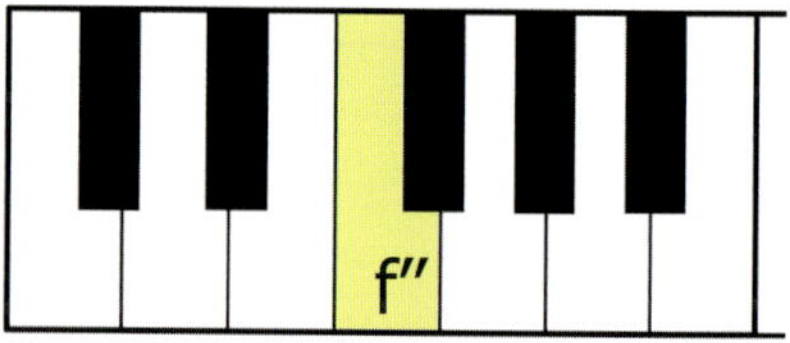

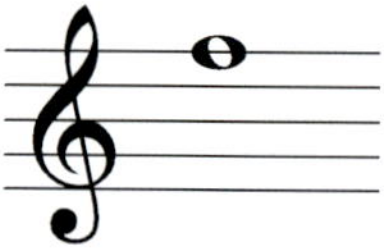

f″

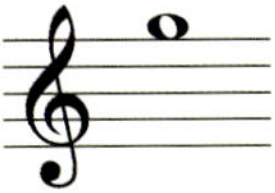

Benenne die Note.
Spiele diese Note.

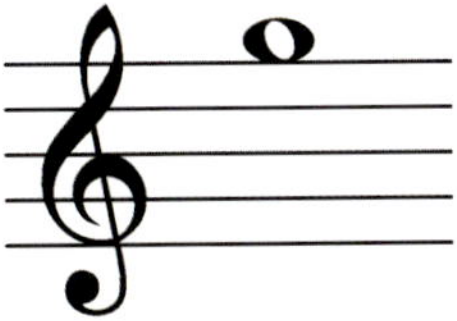

Das möchte ich noch lernen ☐

Das weiß ich schon ☐

Oktaven

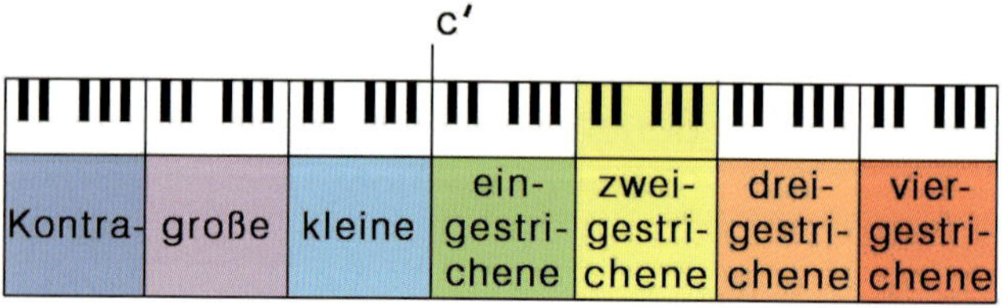

zweigestrichene Oktave

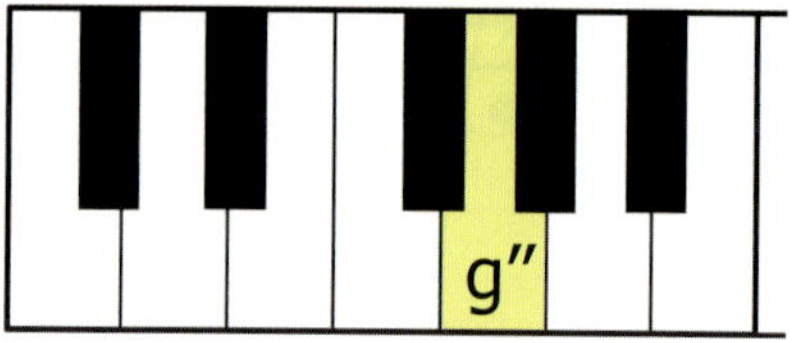

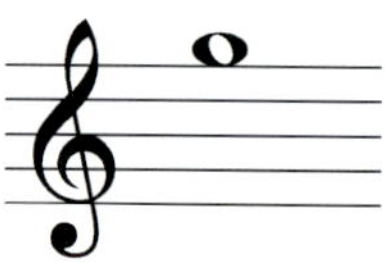

g″

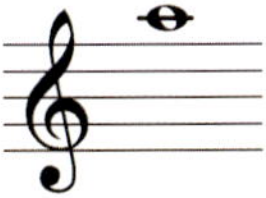

Benenne die Note.
Spiele diese Note.

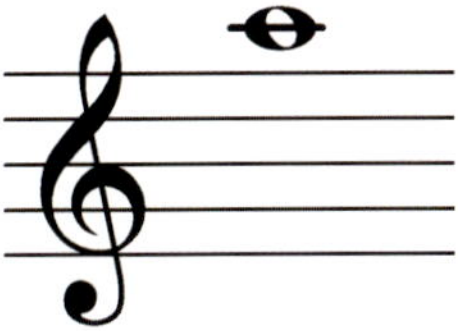

Das möchte ich noch lernen ☐

Das weiß ich schon ☐

Oktaven

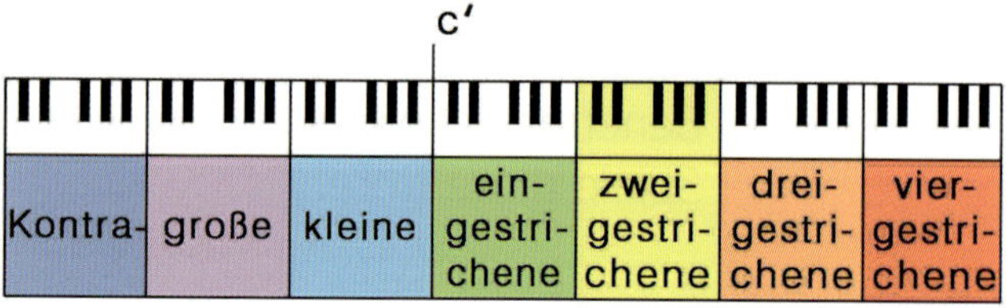

zweigestrichene Oktave

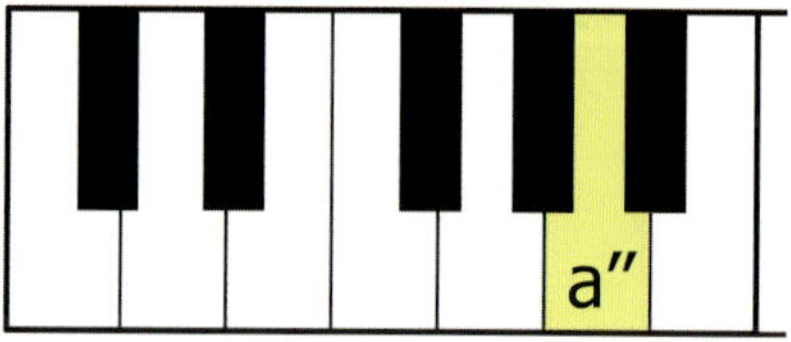

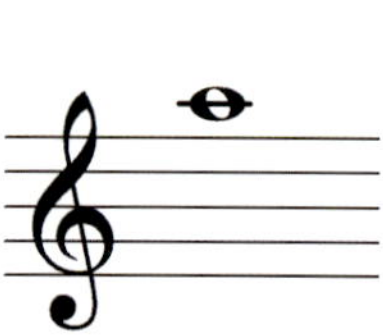

a''

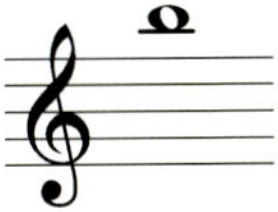

Benenne die Note.
Spiele diese Note.

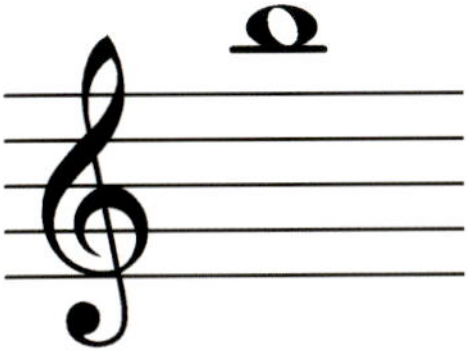

Das möchte ich noch lernen ☐

Das weiß ich schon ☐

Oktaven

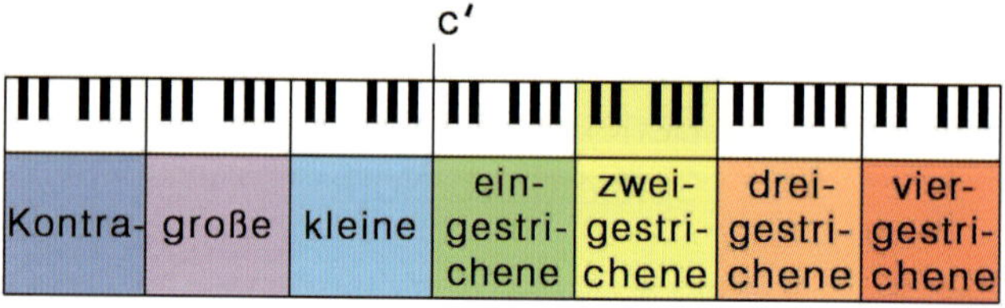

zweigestrichene Oktave

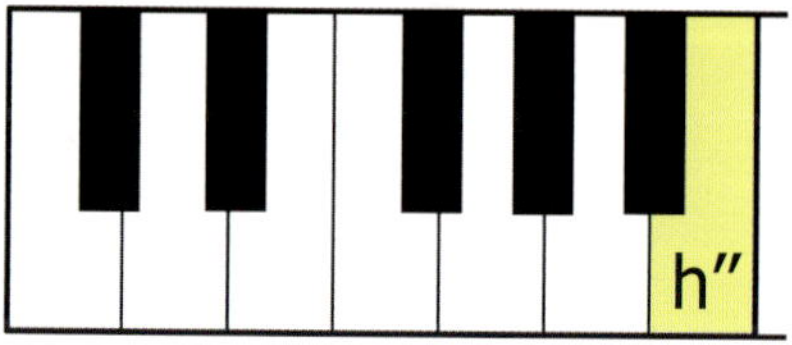

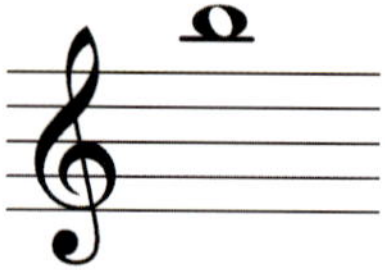

h″

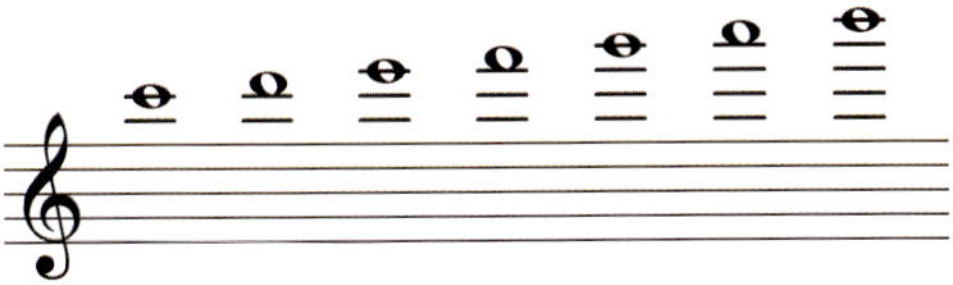

Benenne die Noten.
Spiele diese Noten.

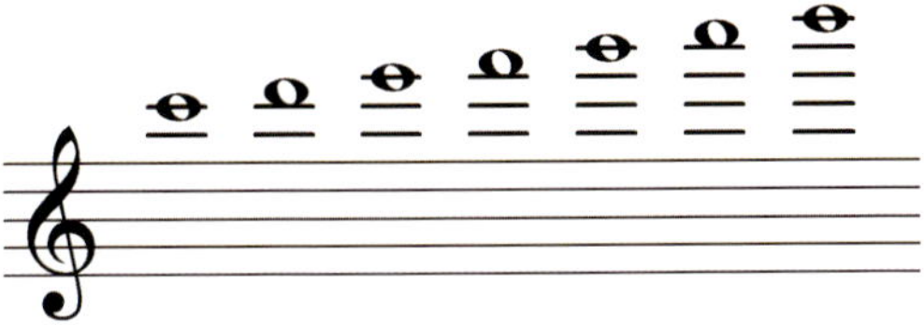

Das möchte ich noch lernen ☐

Das weiß ich schon ☐

Oktaven

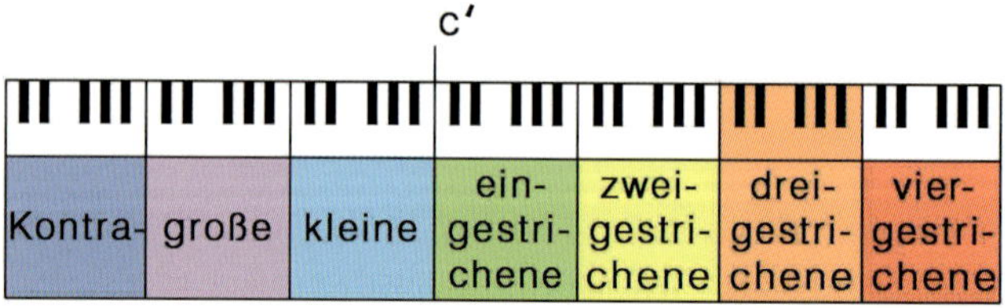

dreigestrichene Oktave

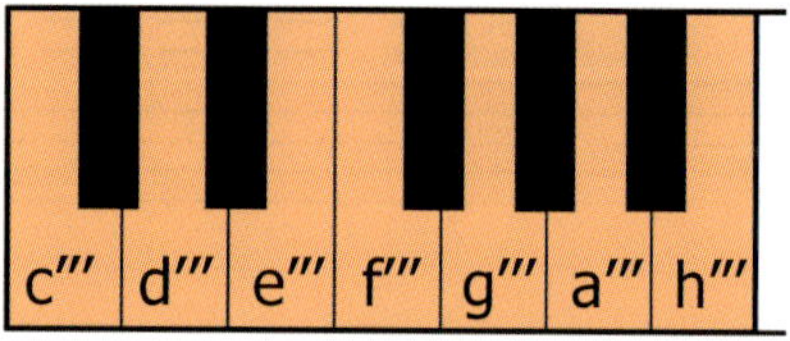

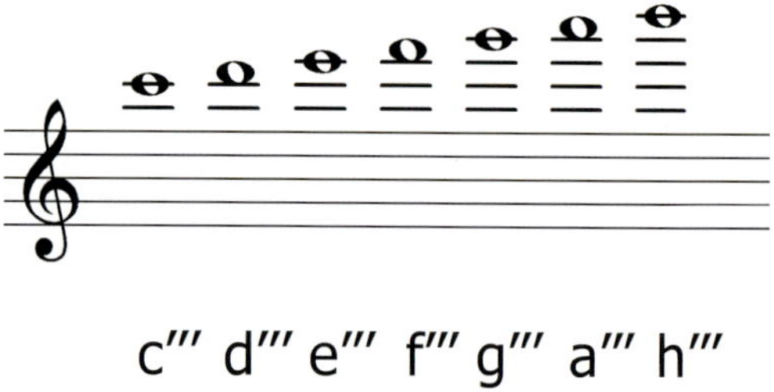

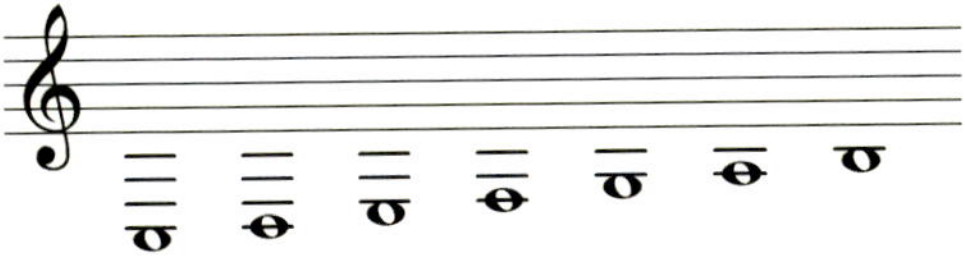

Benenne die Noten.
Spiele diese Noten.

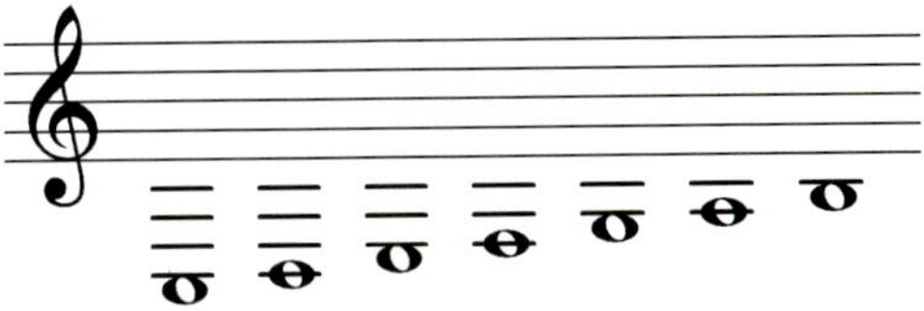

Das möchte ich noch lernen ☐

Das weiß ich schon ☐

Oktaven

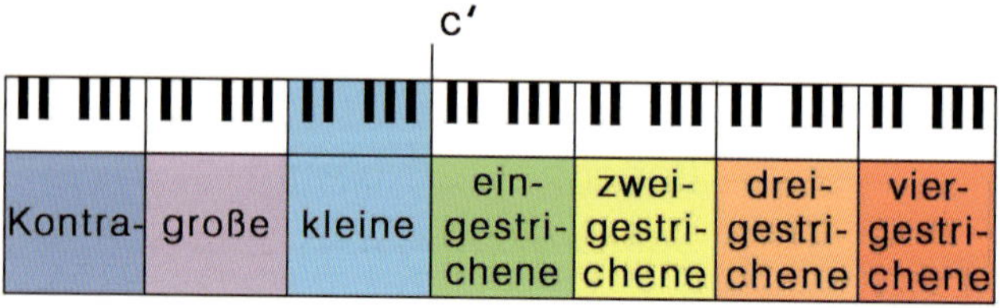

kleine Oktave

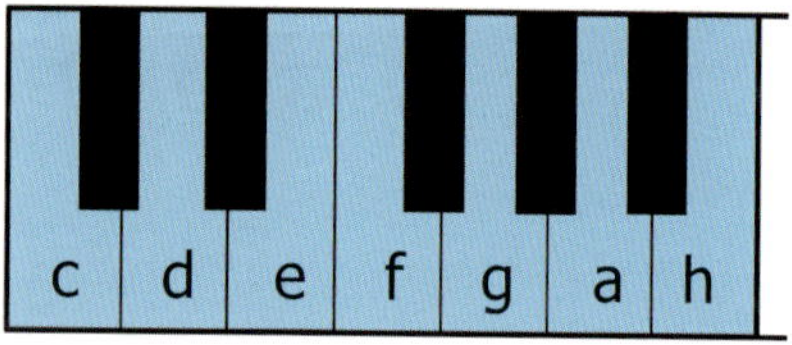

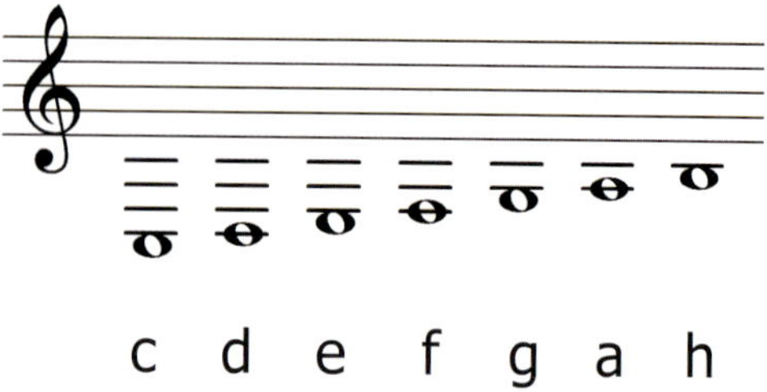

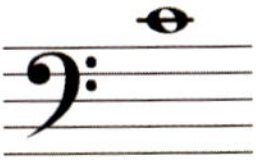

Benenne die Note.
Spiele diese Note.

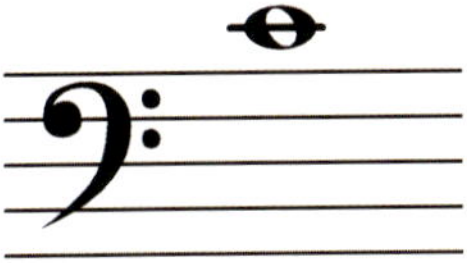

Das möchte ich noch lernen ☐

Das weiß ich schon ☐

Oktaven

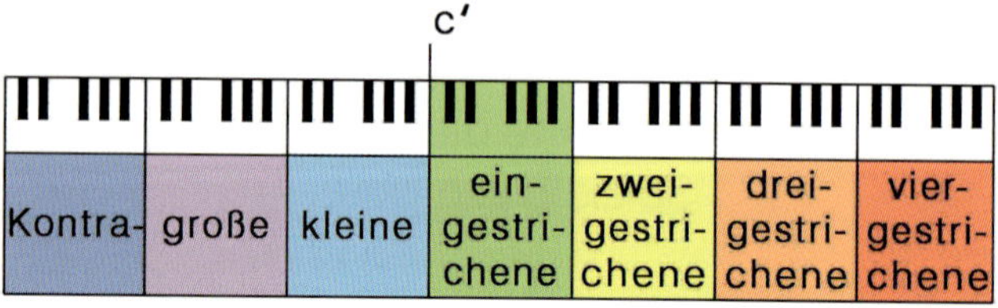

eingestrichene Oktave

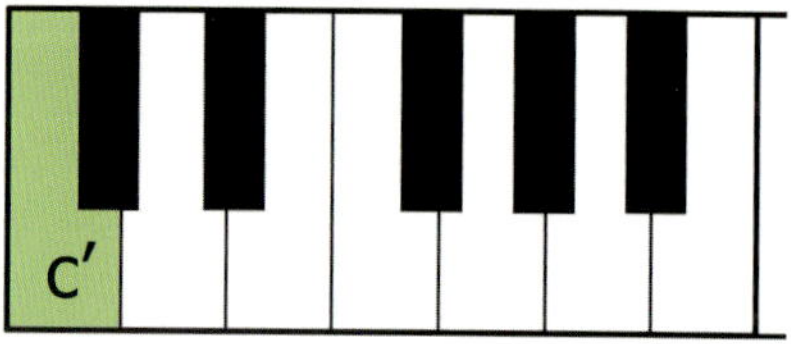

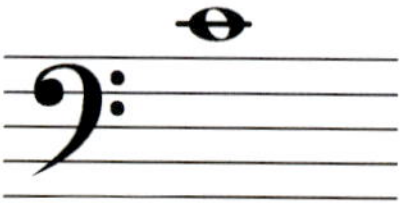

c′

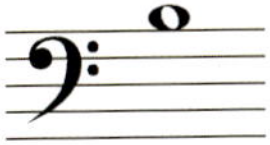

Benenne die Note.
Spiele diese Note.

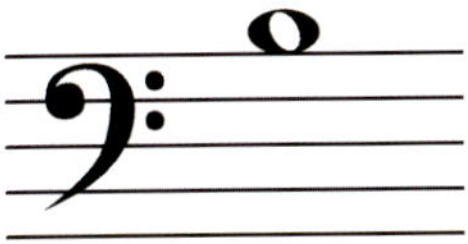

Das möchte ich noch lernen ☐

Das weiß ich schon ☐

Oktaven

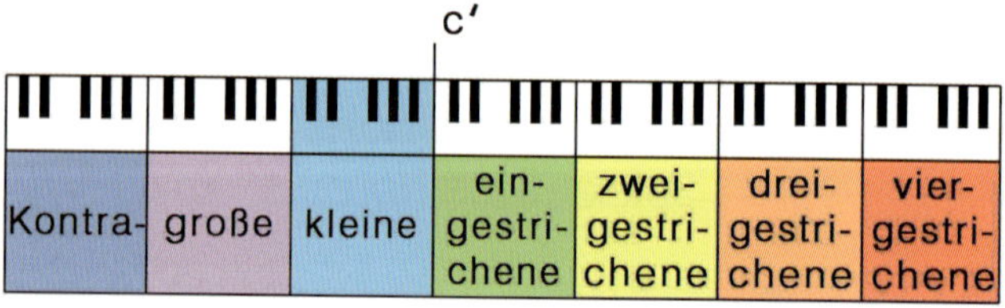

kleine Oktave

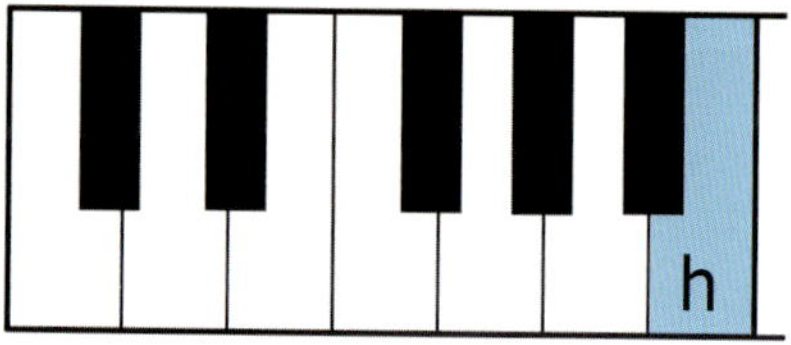

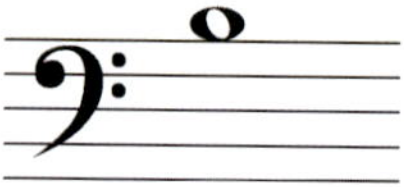

h

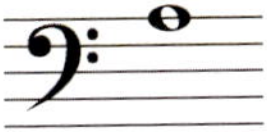

Benenne die Note.
Spiele diese Note.

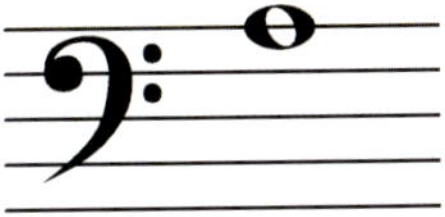

Das möchte ich noch lernen ☐

Das weiß ich schon ☐

Oktaven

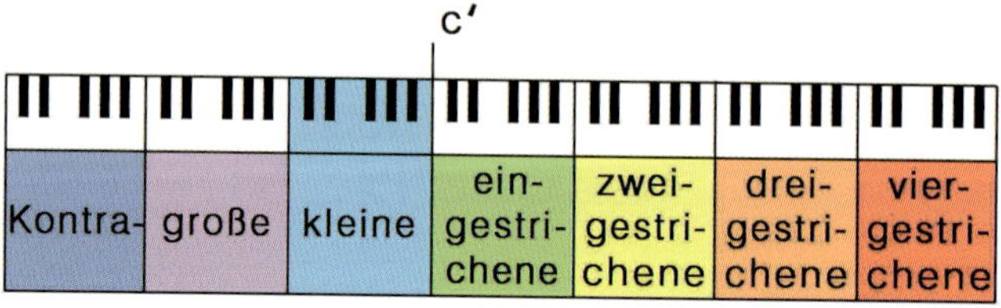

kleine Oktave

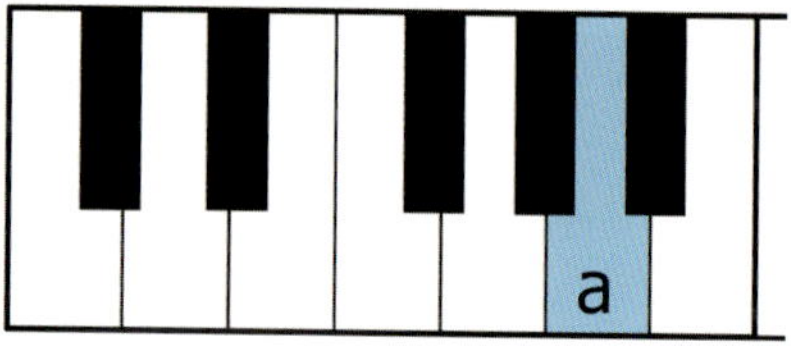

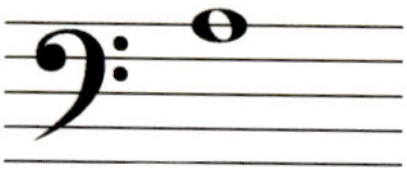

a

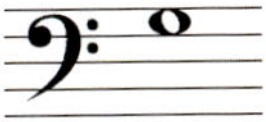

Benenne die Note.
Spiele diese Note.

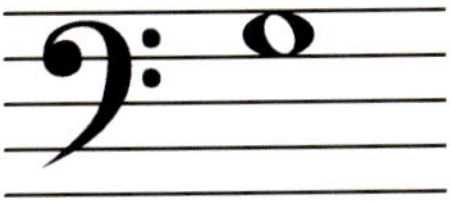

Das möchte ich noch lernen ☐

Das weiß ich schon ☐

Oktaven

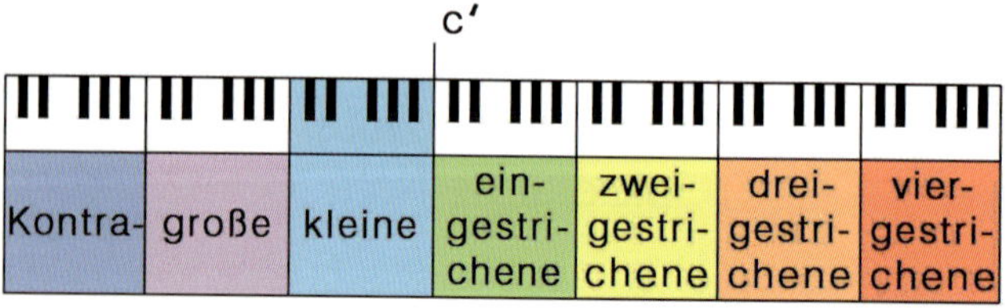

kleine Oktave

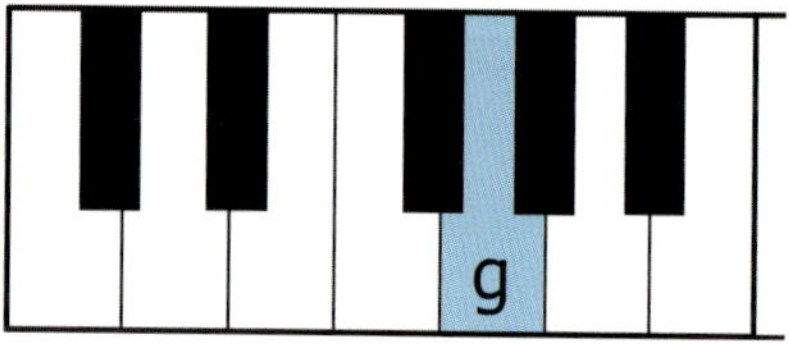

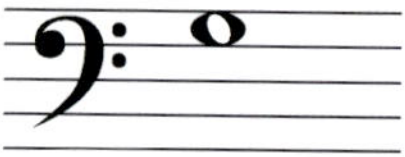

g

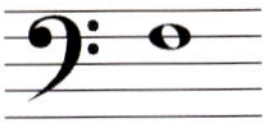

Benenne die Note.
Spiele diese Note.

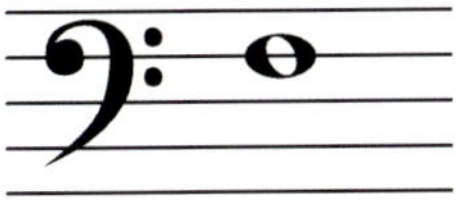

Das möchte ich noch lernen ☐

Das weiß ich schon ☐

Oktaven

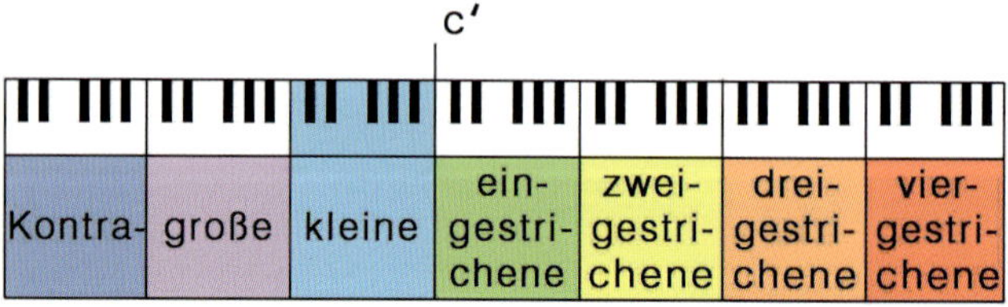

kleine Oktave

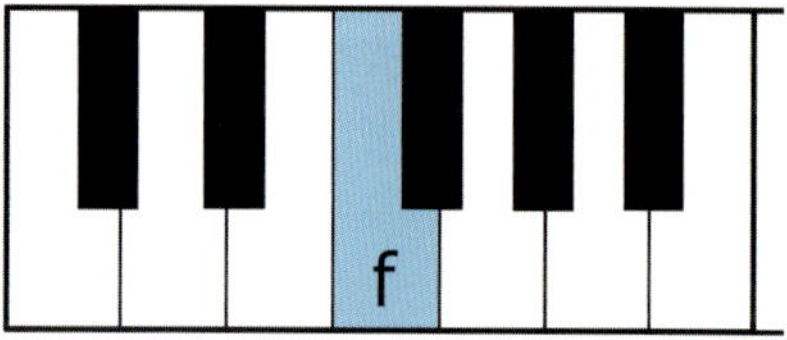

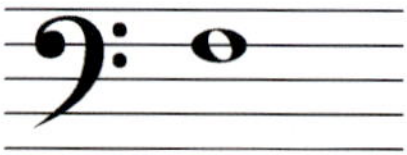

f

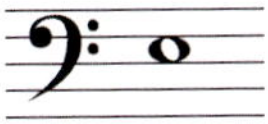

Benenne die Note.
Spiele diese Note.

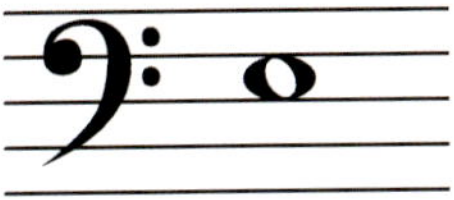

Das möchte ich noch lernen ☐

Das weiß ich schon ☐

Oktaven

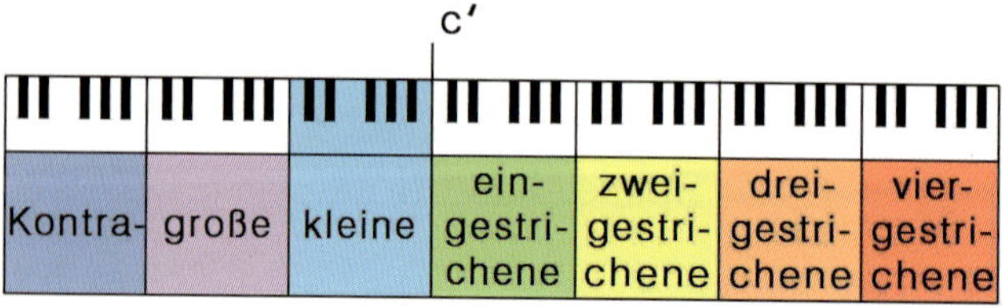

kleine Oktave

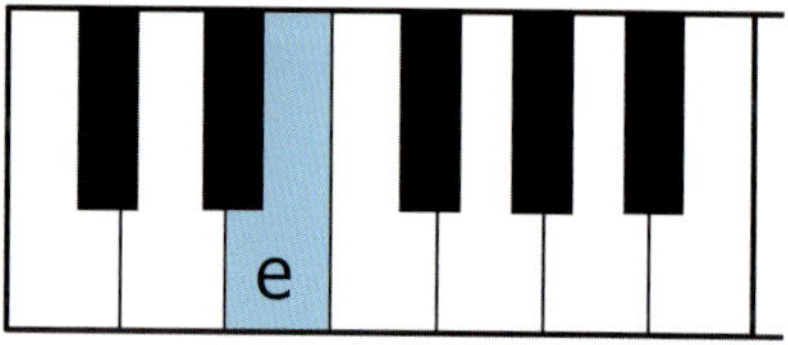

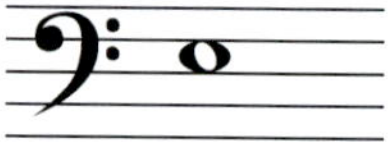

e

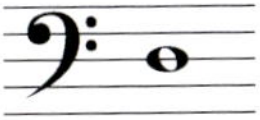

Benenne die Note.
Spiele diese Note.

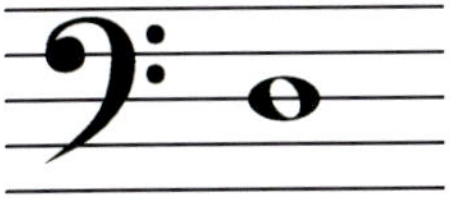

Das möchte ich noch lernen ☐

Das weiß ich schon ☐

Oktaven

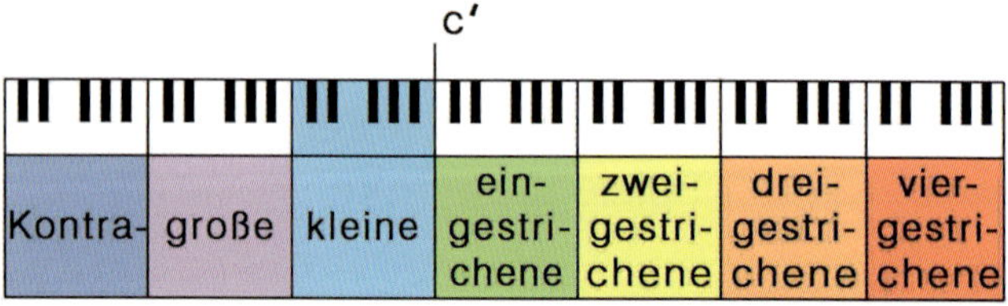

kleine Oktave

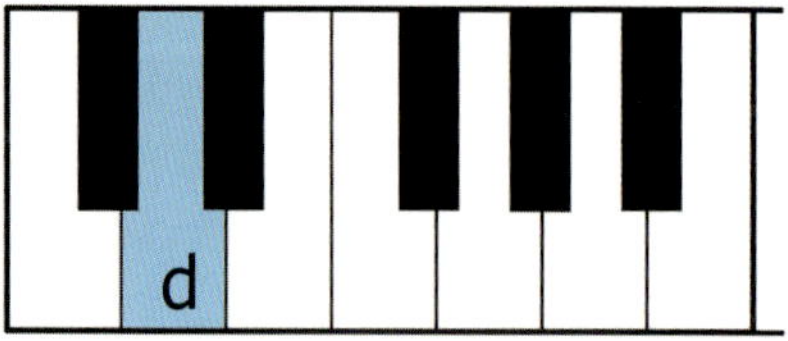

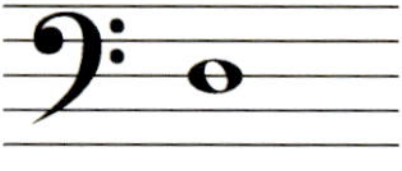

d

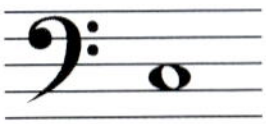

Benenne die Note.
Spiele diese Note.

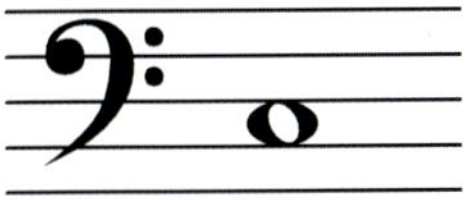

Das möchte ich noch lernen ☐

Das weiß ich schon ☐

Oktaven

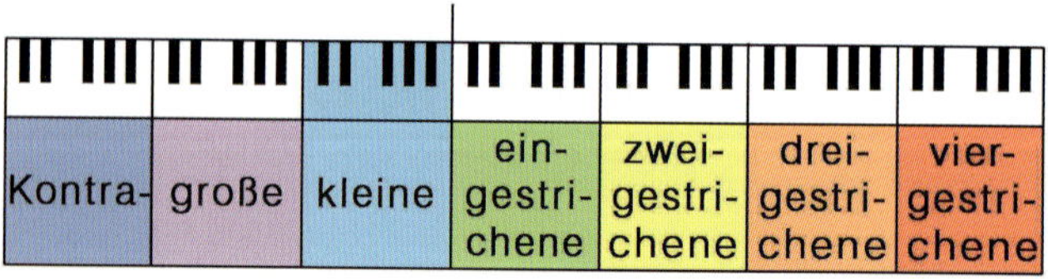

kleine Oktave

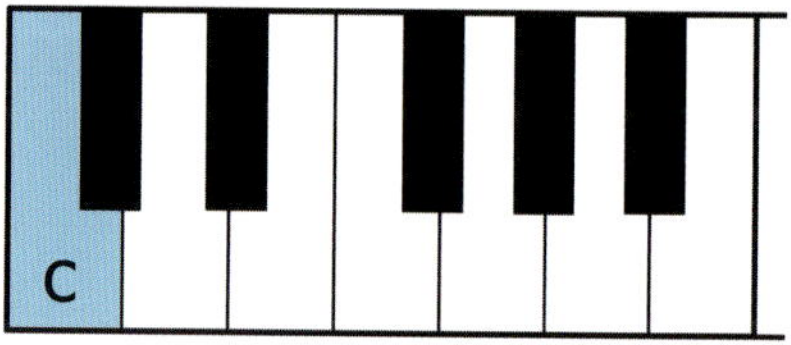

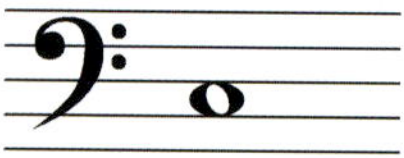

c

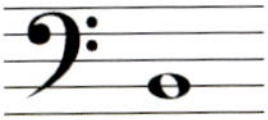

Benenne die Note.
Spiele diese Note.

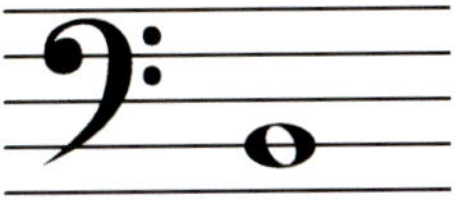

Das möchte ich noch lernen

Das weiß ich schon

Oktaven

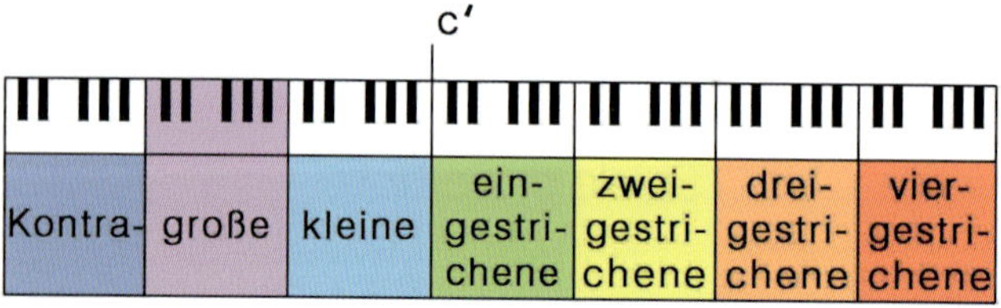

große Oktave

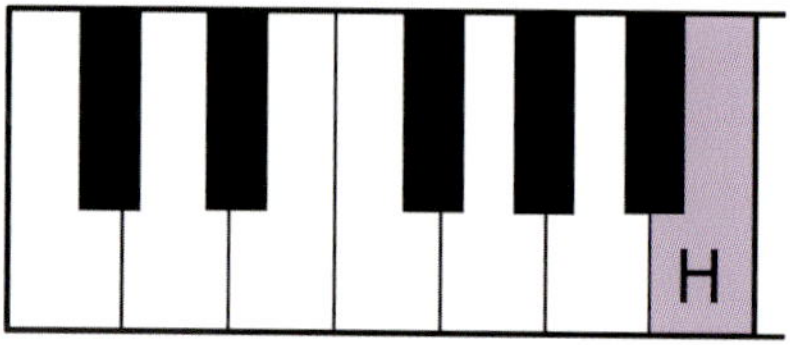

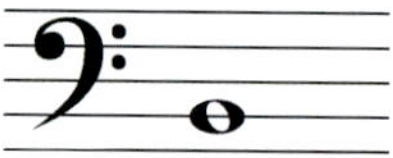

H

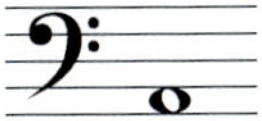

Benenne die Note.
Spiele diese Note.

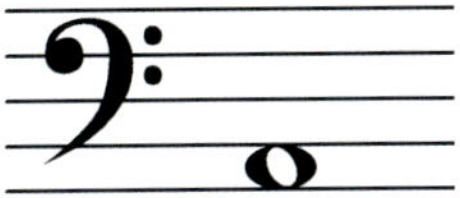

Das möchte ich noch lernen ☐

Das weiß ich schon ☐

Oktaven

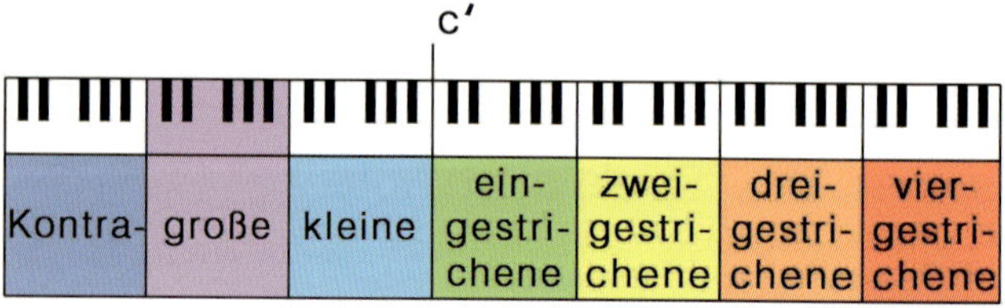

große Oktave

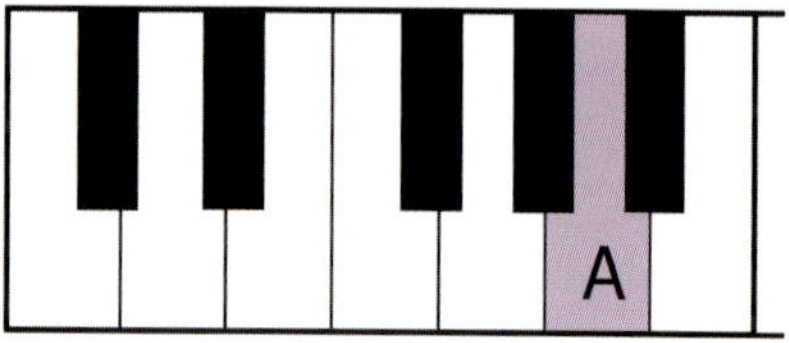

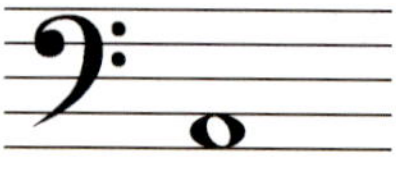

A

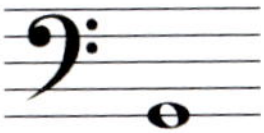

Benenne die Note.
Spiele diese Note.

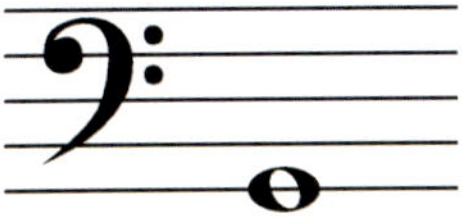

Das möchte ich noch lernen ☐

Das weiß ich schon ☐

Oktaven

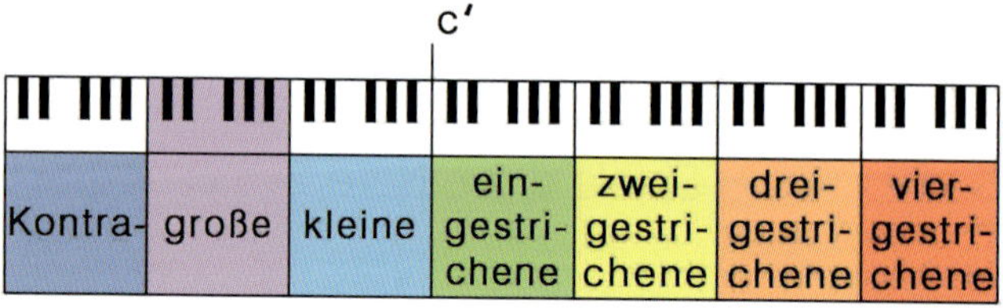

große Oktave

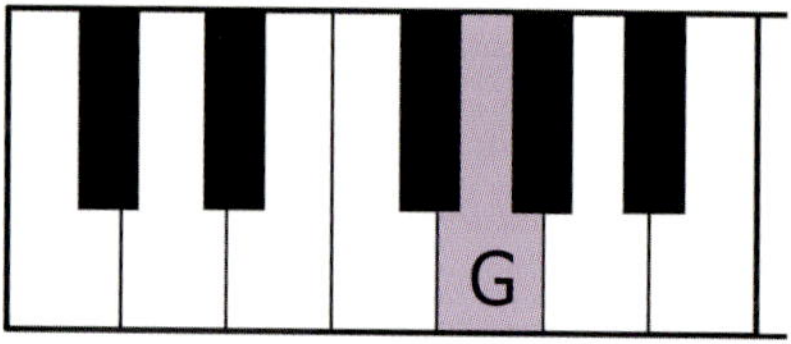

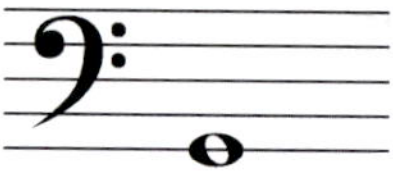

G

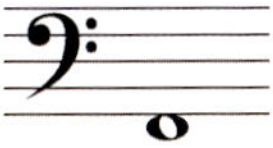

Benenne die Note.
Spiele diese Note.

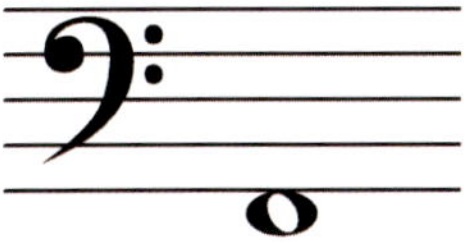

Das möchte ich noch lernen ☐

Das weiß ich schon ☐

Oktaven

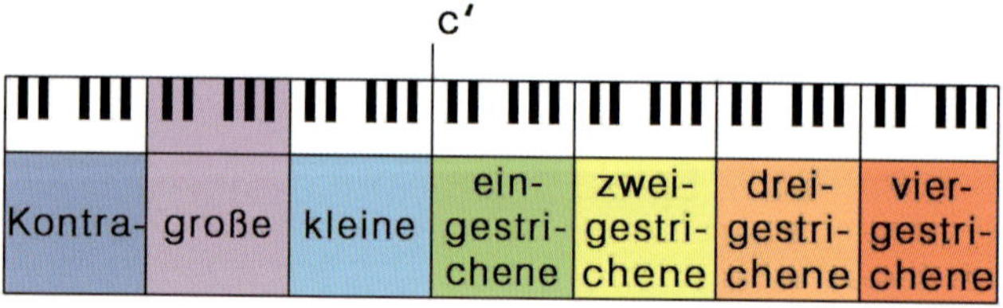

große Oktave

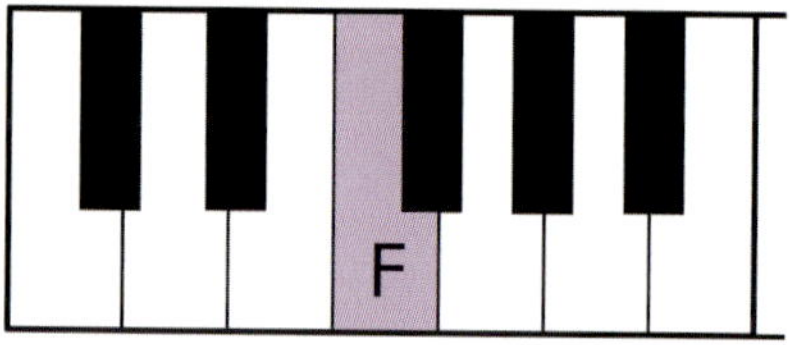

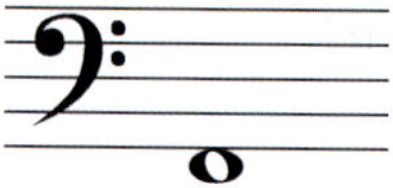

F

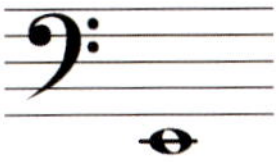

Benenne die Note.
Spiele diese Note.

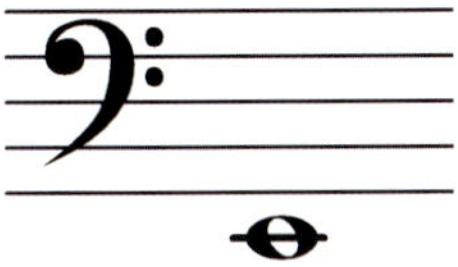

Das möchte ich noch lernen ☐

Das weiß ich schon ☐

Oktaven

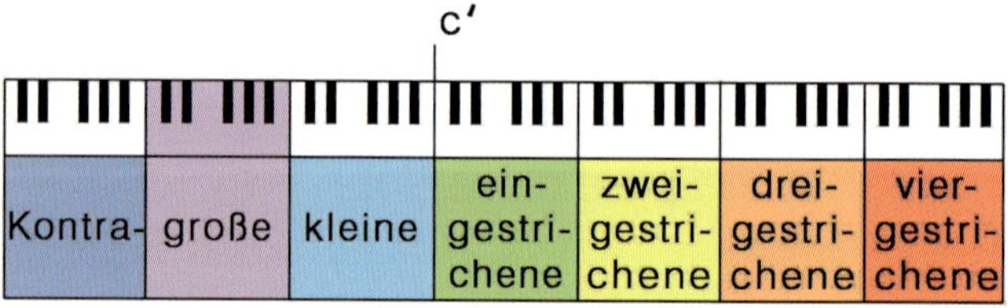

große Oktave

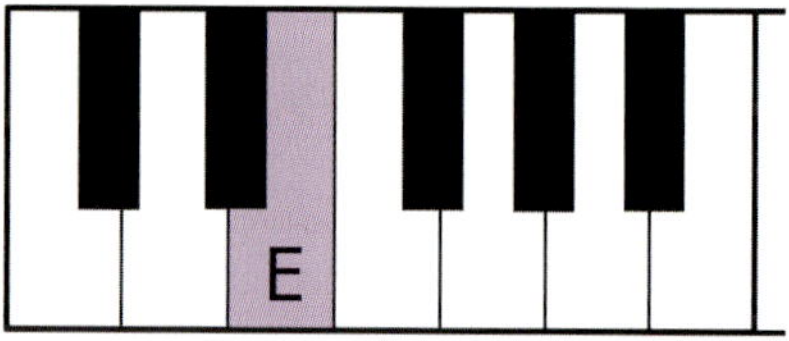

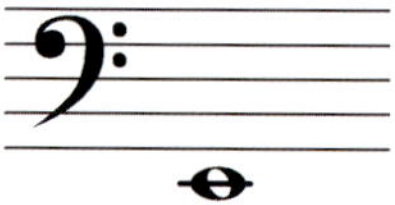

E

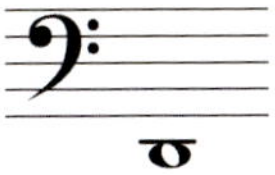

Benenne die Note.
Spiele diese Note.

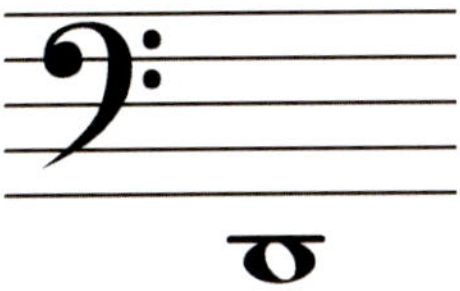

Das möchte ich noch lernen ☐

Das weiß ich schon ☐

Oktaven

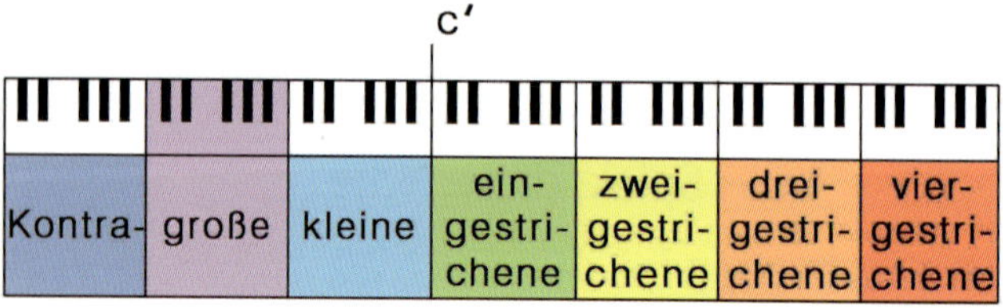

große Oktave

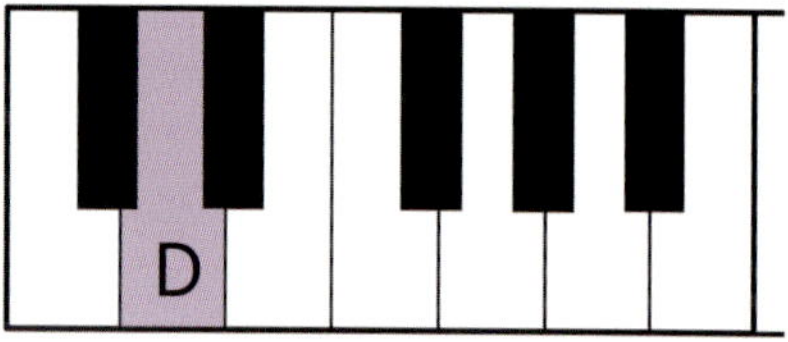

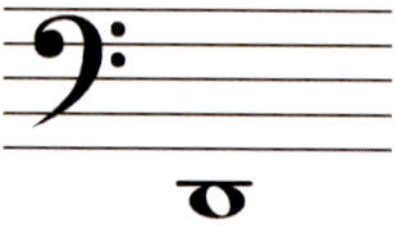

D

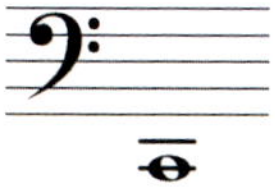

Benenne die Note.
Spiele diese Note.

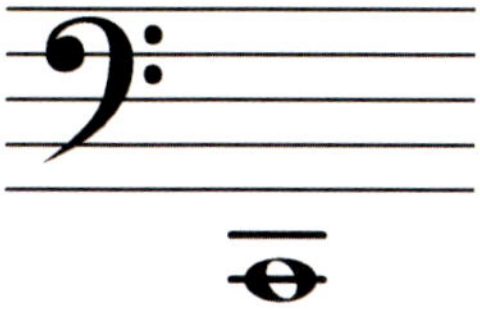

Das möchte ich noch lernen

Das weiß ich schon

Oktaven

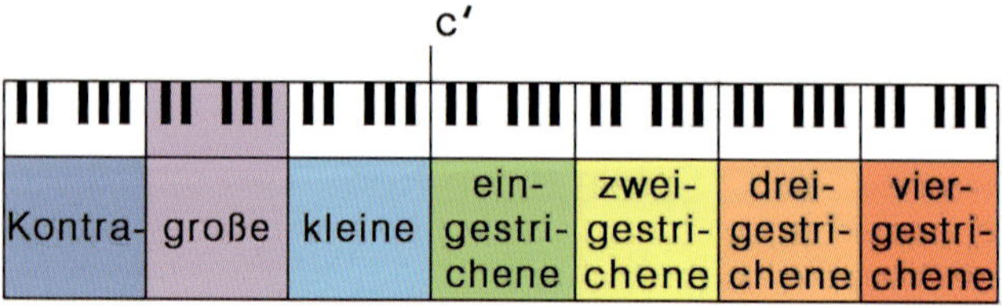

große Oktave

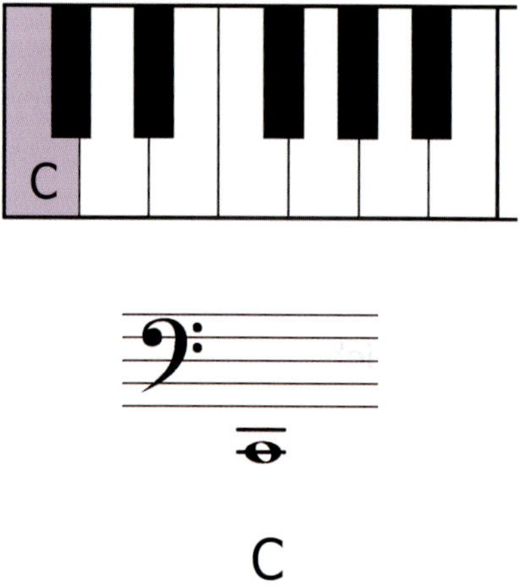

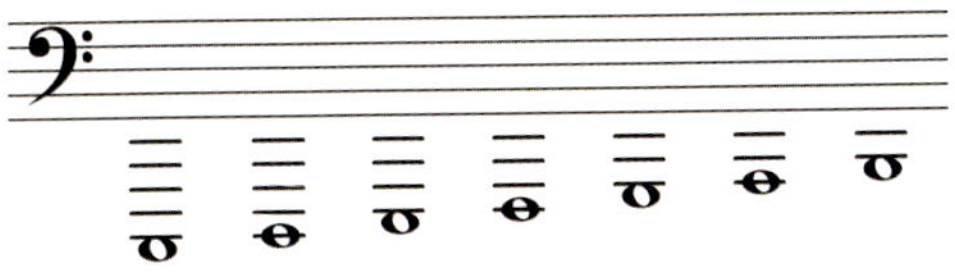

Benenne die Noten.
Spiele diese Noten.

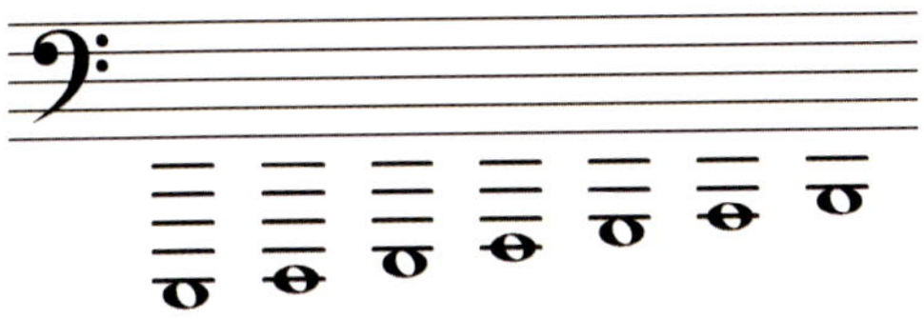

Das möchte ich noch lernen ☐

Das weiß ich schon ☐

Oktaven

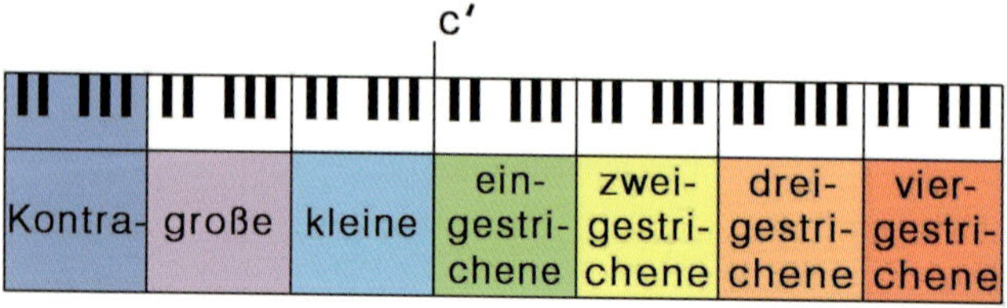

Kontra-Oktave

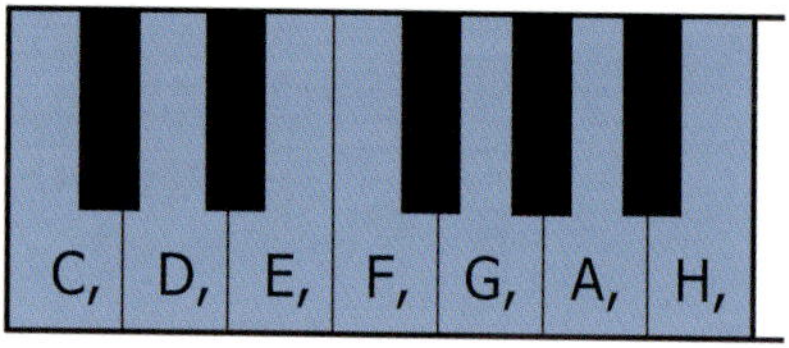

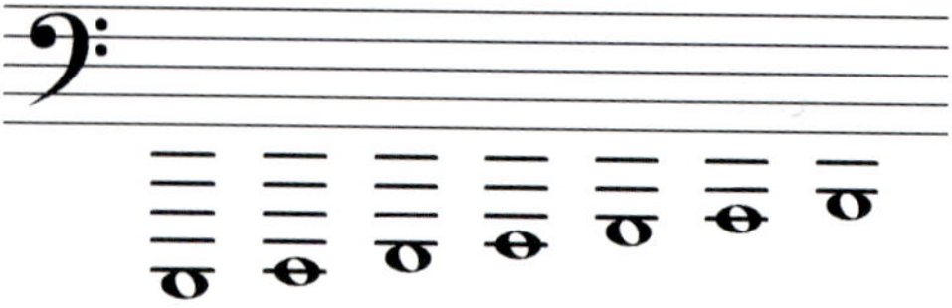

C, D, E, F, G, A, H,

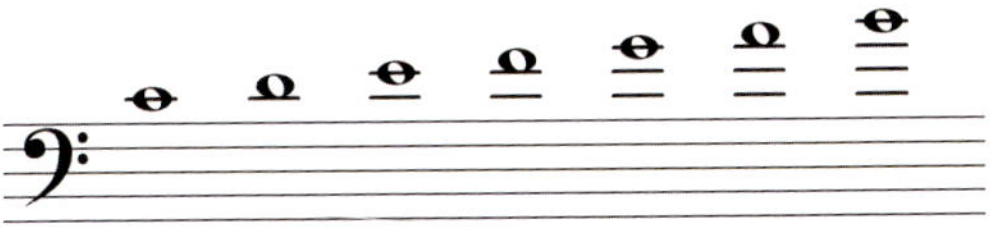

Benenne die Noten.
Spiele diese Noten.

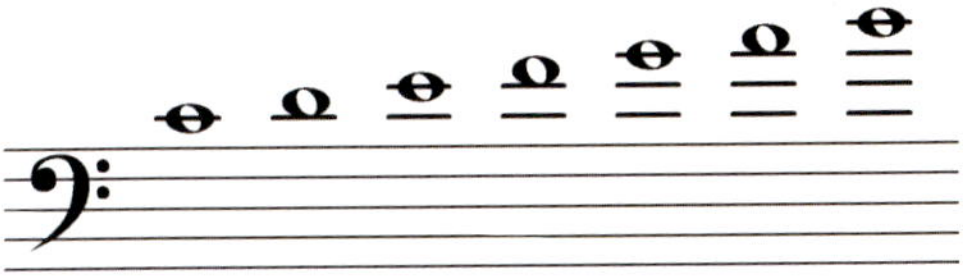

Das möchte ich noch lernen ☐

Das weiß ich schon ☐

Oktaven

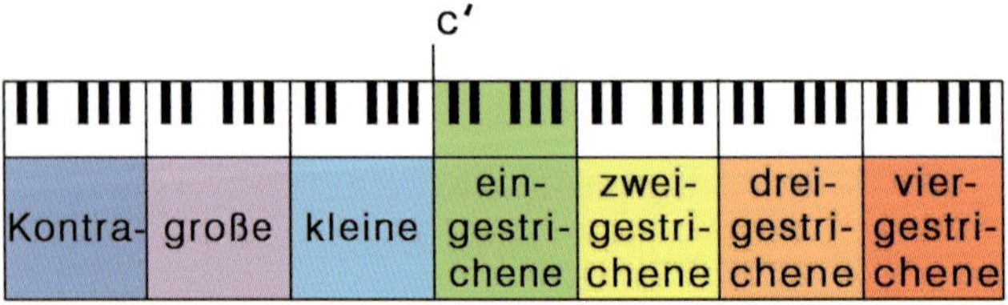

eingestrichene Oktave

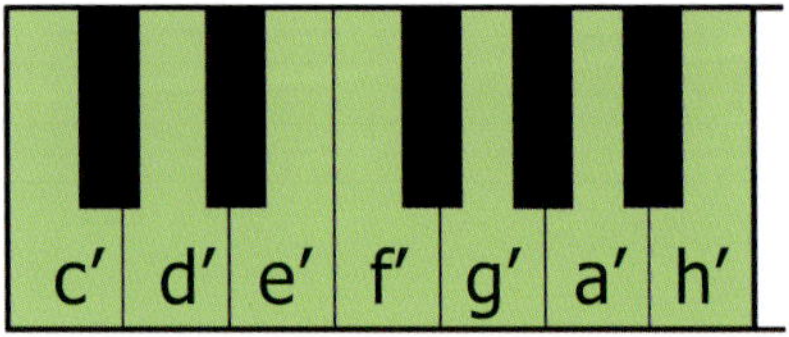

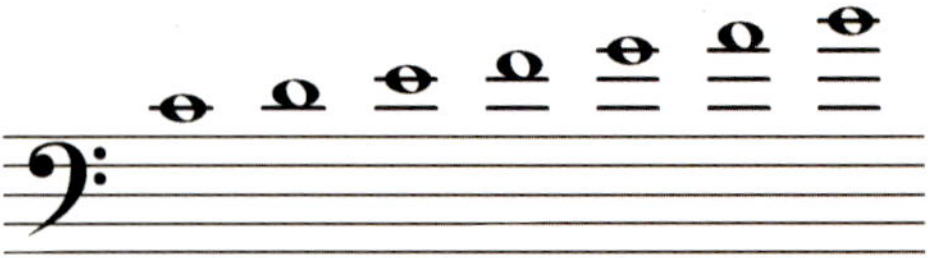

c′ d′ e′ f′ g′ a′ h′

Versetzungszeichen (Vorzeichen)

Benenne die Versetzungszeichen (Vorzeichen) und erkläre, was sie bedeuten.

♯

♭

♮

𝄫

𝄪

Das möchte ich noch lernen ☐

Das weiß ich schon ☐

Versetzungszeichen (Vorzeichen)

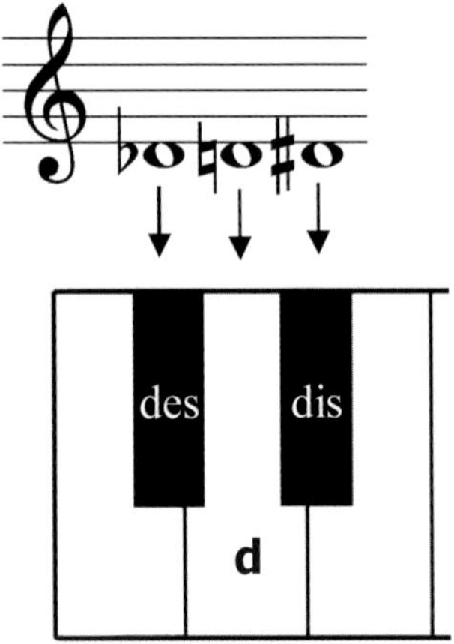

♭ (**Be**) erniedrigt einen Ton um einen Halbton.

♯ (**Kreuz**) erhöht einen Ton um einen Halbton.

♮ (**Auflösungszeichen**) hebt ein Vorzeichen auf.

𝄪 (**Doppelkreuz**) erhöht einen Ton um einen Ganzton (zwei Halbtöne). Die Notennamen bekommen die Silbe **-isis.**

𝄫 (**Doppel-Be**) erniedrigt einen Ton um einen Ganzton (zwei Halbtöne). Die Notennamen bekommen die Silbe -**eses** (𝄫e=eses, 𝄫a=ases, 𝄫h=heses).

Noten mit Versetzungszeichen

Benenne die folgenden Noten.

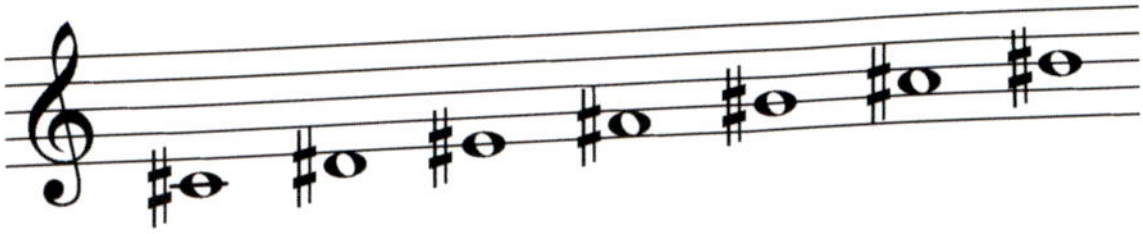

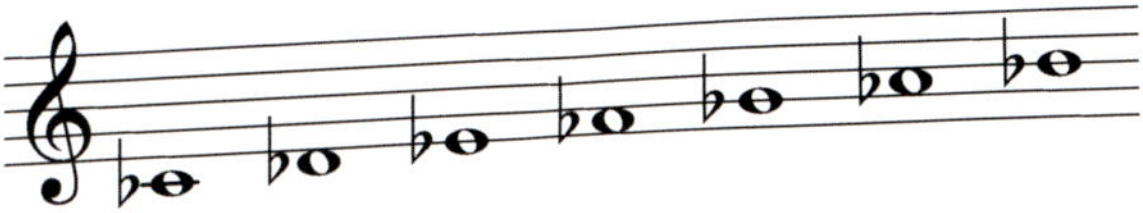

Was bedeuten diese Zeichen?

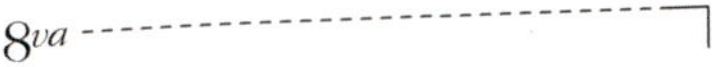

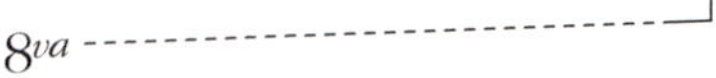

Das möchte ich noch lernen

Das weiß ich schon

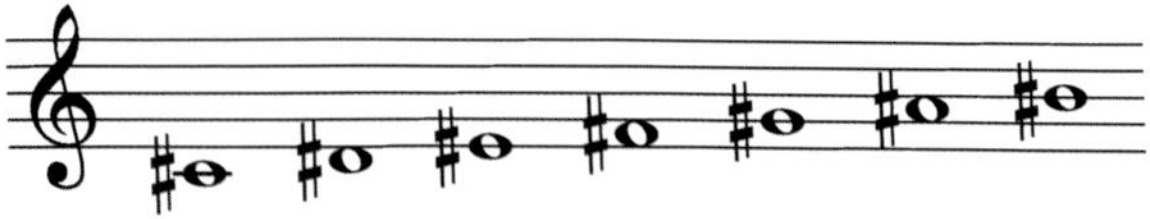

cis dis eis fis gis ais his

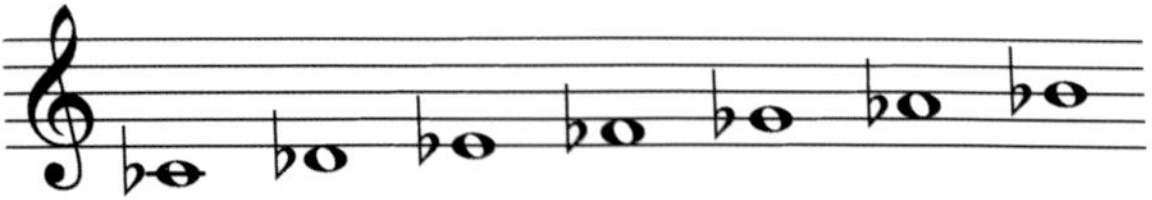

ces des es fes ges as b

8va

Die unter diesem Zeichen stehenden Noten musst du eine Oktave höher spielen.

8va

Die über diesem Zeichen stehenden Noten musst du eine Oktave tiefer spielen.